JN410378

한국의 수필 대표작선집

다이아몬드 세트

감성에 말을 걸다

오차숙 수필선

한국의 수필 대표작선집

감성에 말을 걸다 / 오차숙 수필선

1판 1쇄 인쇄/ 2010년 9월 10일
1판 1쇄 발행/ 2010년 9월 15일

지은이 / 오 차 숙
펴낸이 / 우 희 정
펴낸곳 / 도서출판 소소리

등록 / 제300-2007-21호
주소 110-521 서울 종로구 명륜동 1가 33-90
경주이씨 중앙회빌딩 302-1호
전화 / 765-5663, 766-5663(Fax)
e-mail: sosori39@hanmail.net
www. sosori.net

*잘못된 책은 바꿔드립니다.　　값 8,000 원

ISBN 978-89-92856-85-0　04810
ISBN 978-89-959287-6-9　(세트)

한국의 수필 대표작선집

다이아몬드 세트

감성에 말을 걸다

오차숙 수필선

■

한국의 수필 대표작선집을 내면서

오늘의 문학 현실을 위기라고들 합니다. 영상 혹은 전자 매체의 범람 등으로 활자문화가 한계에 이르렀다는 우려입니다. 한편으로 위기는 기회를 뜻하기도 합니다.

이 시점에서 수필문학의 주체적 진술방식과 시에 조금도 다를 바 없는 서정의 운문적 양식을 주시한다면 그 해결책이 어렵지 않다고 생각합니다.

주변에는 치열한 작가정신과 파한(破閑)의 여정이라는 틀을 부수고 실험으로 투철한 용기 있는 문학인들이 많습니다. 개개인의 의도적이고 객관적인 처지를 모색하면서 그 특성을 작품으로 창출해냄을 높이 평가해야 합니다.

우리의 수필문학을 오늘에 있게 한 중진들의 작품 가운데서 대표작이라 할 만한 것을 가려 문학사적인 정립을 시도한다면 그 중흥의 한몫을 해내리라 믿습니다.

「한국의 수필 대표작선집」을 기획 편찬하는 까닭도 여기에 있습니다. 많은 참여와 조언, 지도편달과 아낌없는 협조를 당부 드립니다.

- 편찬위원회

1 모놀로그

2 삶의 파노라마

3 미스 & 의식

1. 모놀로그

홀로 있음이 춤이 됐나

음음
홀로 있음이 춤이 됐나

봄의 비밀이 번쩍이는 정원에 영혼의 사슬이 채워져도 별 수 없지 않은가 세속의 스산함을 땅위에 내려놓지 않는 이상 지당한 사슬이 아닌가
전진할 것인가 정지할 것인가 흔들리는 그 순간 찬란한 족쇄에서 벗어날 순 없지 않은가
기름진 텃밭에 고독한 영혼이 잠들어 있으므로 현실과 이상이 뒤범벅되어 훈풍이듯 태풍이듯 작은 심장들을 겨냥하며 꽃을 피우고 있으므로 속살의 목덜미를 넌지시 눌러

스릴 있게 조르고 있으므로 봄의 전령처럼 다가오는 천사의 손짓 천사의 발짓이라 생각하며 두 무릎을 꿇을 수밖에 없지 않은가

음음
홀로 있음이 춤이 됐나

고독한 영혼!
신성한 영혼!

그 영혼이 외줄타기 광장에서 춤을 추고 있나보다 세속의 영혼이 신성의 영혼을 갉아먹는다고 해도 전진할 것인가 정지할 것인가 서성이는 길목에서 바람처럼 구름처럼 받아야할 사슬이 아닌가
그럼 사슬로부터 자유롭지 못한 영혼은 무엇을 위해 기도할 것인가
고독한 그 영혼을 바라볼 수 없어 나른한 두 어깨에 넘쳐흐르는 여름의 비밀을 고개를 끄덕이며 짊어질 수밖에 없지 않은가

음음
홀로 있음이 춤이 됐나

그러나 풍성한 가을이 싱그러워 어둠을 예감하는 영혼이
되고 싶진 않다
늑대새끼처럼 짐승으로 환생해 컹컹 거리고 싶진 않다 신
성한 영혼이 없는 곳은 그 어디나 무덤이니 전진할 것인
가 정지할 것인가 그 기로에 서서 계절의 고난에 유희 당
하고 싶진 않다
어둠이 빛보다 잔인하기 때문일까
아무렴 그렇고말고 그러나 설령 어슴푸레한 존재가 투명
한 햇살을 집어삼키려고 주춤대더라도 수평선 저쪽 노을
속으로 잠식할 수는 없지 않은가

음음
홀로 있음이 춤이 됐나

질풍노도가 눈앞에 출렁대고 있다
'하나'라는 이름으로 다가오는 처절한 계절이 자기풍요에

미소를 지으며 용틀임 하고 있다 선악을 가릴 수 없는 장님 중 장님이 되어 무덤 속 춤사위를 피하지 못하기 때문일까
목청을 돋우어 노래를 불러볼까 스르륵 무덤 속으로 떨어지는 그 순간 또렷한 의식을 꼬집어볼까 전진할 것인가 정지할 것인가 고민하며 두 눈을 감아보니 다행히 또렷이 살아있는 상쾌한 의식 - 눈여겨 찬찬하게 살펴보니 무의식의 한 귀퉁이까지도 피가 흘러진 않았구나
겨울의 끝자락까지도 보듬어보려는 순수의 계절만이 남아 있을 뿐이구나

바닷물이 밀려오는 마을

무릉도원에서 자랐다.

백중날이면 바닷물이 마을 앞까지 밀려오는 마을….

무당들이 바닷가 한 켠에 영등할망을 모셔놓고 외롭게 춤을 추던 마을, 때로는 무당들이 소복차림으로 치성을 드리는 마을, 때로는 총천연색의 휘장을 두르고 살풀이춤을 추는 마을에서 무당들의 슬픈 내면을 훔쳐보며 자랐다.

파도의 밀어에서 삶의 희비를 느꼈다.

밤이 되면 흐느껴 울었고, 한 평짜리 골방에 문을 잠근 채 쭈그리고 앉아 우울한 마음으로 자랐다. 생계해결을 위해 동분서주하는 어머니의 치맛자락을 붙잡고, 중학교에 진학시켜 달라고 칭얼대며 자랐다.

그러나 맏딸인 나는 동생을 등에 업고 해변에 살고 있는 이름 모를 여인에게 젖동냥을 다녀야만 했다. 그 여인은 언어장애로 말을 할 수 없었지만 여인의 젖가슴에서 요동치며 쏟아지는 젖줄기 소리가 내 삶에 탄력을 주었다.

아버지는 교편생활을 하셨다.

그러나 바람처럼 구름처럼 사시다가 스스로 삶을 접으신 분, 때로는 학교에 사표도 제출하지 않은 채 어디론가 떠나곤 하셨다.

나의 삶 나의 문학 · 1

회색지대

눈을 감고 지그시 '삶'을 응시 해보고 싶소.
세상에 선연한 흔적이 남지 않더라도, 앉았던 자리에 엉겅퀴 한 포기 키우고 싶소. 이 땅은 영혼을 풀어 넣을 가치가 있기 때문이오. 무한한 시간 속에 깊숙이 침잠되어 양귀비 한 송이 피우고 싶기 때문이오. 사막을 걸어가는 낙타가 되더라도, 주변의 모든 것이 아이의 웃음이 아니더라도, 번개 번쩍이는 우박 속을 헤집으며 시이소 놀이를 하고 싶기 때문이오.
春도 회색지색.

秋도 회색지색.
굿마당으로 흥(興)을 부르는 혼(魂)바람이기 때문이오.

귀를 막고 조용히 '글'을 응시 해보고 싶소.
문학의 소용돌이가 엑스트라가 될지라도, 얼어있는 강물에 칼바람이 불더라도, 자유정신으로 골방의 해방을 기다리고 싶기 때문이오. 태클을 거는 신령들이 이곳저곳 기웃거리더라도, 이 길이 필연코 던져야 할 비풍초라면, 혁명의 의미가 정녕 없지 않다면, 도달점이 없어 방황을 계속 하더라도, 양손에 기꺼이 곡괭이를 들어 끙끙 끙끙 판돈놀이 하고 싶기 때문이오.
夏도 회색지대.
冬도 회색지대.
도박판을 날아다니는 혼(魂)바람이기 때문이오.

눈을 감고 지그시 '글'을 응시 해보고 싶소.
귀를 막고 조용히 '삶'을 응시 해보고 싶소.
연극 같은 인생 오버액션 하는 삶이 무슨 흠이 되더이까.
이름 모를 주사위라도 붉은 테이블 푸른 테이블 위에 놓여있지 않더이까. 영원의 길 불멸의 길은 이와 다르지 않기에, 도박의 진미는 필연보다는 우연이외다. 삶을 요리하는 것은 도박의 한 페이지, 문학이라고 하는 것도 끊임없는 무의식의 멜로디, 손길 가는 모든 것들이 미완성으로 끝난다 하더라도, 원(元) 형(亨) 리(利) 정(貞) - 카오스 → 창조→ 절정→ 소멸의 시기는 완전한 세계가 아니라오. 때때로 불명의 음표들이 괴성을 지르더라도 우발성을 요리해 보려는 연주자가 되어, 음표 음표를 달래가며 비탈길처럼 편곡해 보리이다.

元 亨도 회색지대.

利 貞도 회색지대.

곡주가 아닌 맹물(水)에도 취할 수 있기 때문이오.

사태에 놀란 강물을 안기 위해 창파(滄波)가 되기 때문이오.

나의 삶 나의 문학 · 2

회색지대

찜통에 시래기를 넣고 푹푹 삶아본다.

베란다 구석에서 응시하던 건조한 시래기지만, 가스불의 열정으로 인해 식탁에 오를 준비가 되어간다.

하지만, 삶다운 삶을 음미하는 오감(五感)을 잃어버린 지 오래 되었다.

나의 코는 무척 진지하고 예민했지만, 추구하던 이상(理想)의 세계가 너무 멀어 후각 자체도 마비되어 버렸다. 그러나 오감을 접어두고 길을 털털 걸어가니 생각 없는 삶 하나로도 배고픔 당하는 일은 있지 않았다.

하늘은 언제나 맑기만 했고 산들도 언제나 푸르기만 했다. 바다 역시 푸른 빛깔로 진하게 색칠해 에메랄드빛과 다를 바 없었다. 분명 그것은 인위적인 물감의 집합체 - 광인(狂人)의 춤사위가 아닐 수 없었다.

하늘의 드맑음 뒤엔 먹구름과 천둥이, 산들의 늘 푸름 뒤엔 쓸쓸한 산 그림자가, 바다의 유유자적함 속엔 태풍과 해저(海底)의 밀어(密語)가 없을 리 만무했다.

삶은 언제나 빛과 그림자가 공존하는 것, 고요함과 소란스러움이 한 쌍을 이루고 길을 걸어가듯, 나의 삶은 빛인 것 같았으나 그림자의 화신이었고, 그 그림자가 소리 없는 아우성으로 창공을 향해 소용돌이를 쳤으므로, 고요한 분출구를 찾아야만 했다.

대해(大海)를 항해하는 어선 한 척이 침몰되지 않으려고 안간힘을 쓰며, '글쓰기'라는 등대를 찾아 길을 떠날 수밖에 없었다.

그것은 목마름과 갈증 속에서 불처럼 일어나는 소란스러움의 잔해 - 그 유치스러움 속에서도 하나의 분출구를 찾으려고 버둥대며 권태로 가득 찬 삶을 해부할 수밖에 없었다. 부위마다 부검을 해보니 이곳저곳 상처투성이 아닌 곳은 없었지만 그대로 봉합하기엔 조금은 잔인해, 신중하고 조심스런 마음으로 내 삶과 나의 문학을 노래하게 되었다.

'내 삶과 나의 문학'은 나에겐 하나의 예술과 자유, 사랑과 철학이므로 상처 부위를 치료해가는 종합병원 역할을 해주기에 감사한 마음으로 살아간다. 그곳엔 무언가 토해내고 싶은 정체불명의 마그마가 남아 있으므로, 존재감을 새김질해보려는 성찰의 장터로 남겨놓고 있다.

내 삶과 문학이 새벽이면 맥없이 사라지고 마는 달(月)의 형상이 될지 모르지만, 태양을 출산하지 못하는 거세된 여자로서 불임자로 존재할지 모르지만, 내 의식은 아직도 파도의 열정처럼 순박한 삶을 살아가고 싶은 아이러니가 있으니, 문학 또한 그 창백한 땀 흘림으로 인해 상처 입을지 모르겠다.

어느 죄수 작가의 작품처럼 '그 이미지를 사랑하다가 그 이미지에 기만당하므로 결국은 그 이미지를 처절하게 살해해 버리는 패배자'가 될지 모르지만, 지금 이 순간 나의 문학으로 인해 분명히 존재 이유를 느끼고 있다.

그러나 삶의 뒤안길엔 회색지대와 청색시대가 공존하고,

그 어떤 고요함 뒤엔 소란스러움이 진을 치며, 그 화려함과 더불어 중력의 무게들이 머리를 쿡쿡 누르고 있다.

진정한 삶의 실체는 무엇일까.

내 삶과 나의 문학은 나의 것이 아닌 것. 내가 속해 있는 자들에게 처절하게 담보되어 있는 괴물, 아무렴, 슬픔은 슬픔대로 으르렁 대다가 죽어갈 수밖에. 세상을 누린 자는 누린 만큼 결박당한 채 살아갈 수밖에.

하지만 성실히 살아가는 자들에겐 황홀한 노여움도 존재해선 안 되리니 그 여자, 그대들 앞에서 축제의 주인공이 되지 않을 수 있겠는가.

찜통에 시래기를 넣고 푹푹 삶아본다.

한 척의 여객선

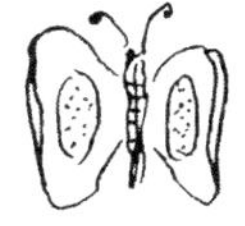

가을이 내리는 계절!

헛헛함을 채우기 위해 결혼생활 수십 년 만에 가족사진을 찍었다. 조각천 같은 사진은 많았지만 그림 같은 사진은 처음으로 찍었다.

마음이 하늘을 날아다니는 기분이다.

주위를 둘러싼 승객들과 한 명의 항해사, 거대한 인선(人線)에 운명을 태우고 엉거주춤 대해(大海)에 떠있는 기분이다.

그동안 여객선에 탄 승객들이 은하수처럼 둘러싸곤 했지만, 한 척의 여객선은 조각달이 되어 채우지 못한 나머지 달을 찾아 헤맸다. 밝은 웃음 속으로 흡수되지 못하고, 또 다른 자아를 찾아 투쟁했다.

인정이 넘치는 항해사와 정겨운 승객들 - 이들을 바라보면 인생을 소홀하게 살아 온 느낌은 아니다. 이들의 파릇파릇한 웃음들이 나의 대표적 작품들이다.

'음악을 들으며 운항을 하고 싶다'는 항해사의 마음을 채워주지 못했을지 모르지만, 승객들의 상냥한 음성이 질퍽한 정신을 깨워 줄 때면 희열을 느꼈다.

가을이 내리는 계절!

사진을 바라보니 기쁨이 솟아오른다.

문창과 교수님으로부터 "처음에 ○○○씨는 고급 애인을 둔 독신인 줄 알았어요. 어쩐지 그런 느낌이 들었어요."

순간 나의 탁한 정신이 화들짝 놀라며 고개를 쳐들었다.

"아니에요, 교수님 ○남매를 둔 ○○예요."

그 후부터 나는 어느 곳에서든지 주저하지 않고 부르는 노래가 있다.

"저는 ○남매의 엄마입니다"라는 노래가 유일한 애창곡

이며 라벨이 되었다. 그때의 공허감에 회의를 느끼며 본래의 모습을 찾기에 여념이 없었다.

가을이 내리는 계절!

사진 속의 맑은 눈동자들을 바라보니 지금까지 느껴보지 못했던 자신의 존재와 가치를 새삼스럽게 느낀다. 두 어깨에 짊어진 측량할 수 없는 삶의 무게, 닻줄이 끊어진 목선이 되어 해상(海上)을 휘돌고 싶은 허황됨이 있어도, 10개의 눈동자가 탄탄한 끈이 되어 주고 있으므로, 늘 이 자리에 머문다.

아름다운 마음들이 나를 또렷하게 지켜주고 있으므로 들이닥치는 고뇌들을 무리 없이 치료할 수 있었다.

고독하고 냉엄한 현실을 조용하게 적응할 수 있었다. 관념 속에 사로잡혀 달나라를 여행하려던 시절들을 잘 마무리 할 수 있었다. 니힐니즘과 마주 앉아 치열하게 다투던 시간들을 고요히 수습할 수 있었다.

모놀로그

음악다실이다.

아이스크림을 주문하는 남자의 모습이 진지해 보인다. 유리컵 속 아이스크림도 테이블 위에서 자태를 자랑한다. 스푼을 잡던 남자가 갑자기 당황해 하더니 밖으로 뛰쳐나간다.

싱그러웠던 아이스크림은 액체로 변해간다.

녹는 게 아쉬워 다른 용기에 넣고 다시 응고시켰더니 멋있는 아이스크림이 되었다. 아쉽게도 신선미가 없어 보이고 투명하진 못한 것 같다.

그때 어디선가 고함치는 소리가 들렸다.

"한(恨)이 깔려있기 때문이에요."

남편이 무슨 악몽을 꾸었냐면 나를 흔들어 깨웠다. 정신을 차리고 거울을 보니 이방인처럼 내가 서 있었다. 식은땀이 쏟아지고 초췌해 보이며 삭연함이 숨어 있다.

모처럼 주변을 돌아보니 혼란스런 마음이다.

가공된 인생처럼 살아와 버린 시간들, 방안을 휘익 돌아보니 세월을 잊게 했던 아이들이 고른 숨을 쉬며 단잠에 취해 있다. 그 숨결들이 방안 가득히 따스함으로 여울져 온다. 무엇에 쫓긴 듯, 잠이 덜 깬 아이들의 어깨를 툭툭 치며 밀려오기만 한 세월이었나 보다.

웬일인지 마음은 눅눅하여 한없이 외로웠다.

어느 날 노천명의 수필 「겨울밤」을 읽어보았다. 경솔한 투정이 송구스러워 고개를 숙이고 말았다. 깊은 밤 싸락눈 소리에 잠이 깨어 그 소리가 반갑고 외로워서, 호롱불을 켜놓고 앉아 있던 여인을 상상해 보았다. 한 사람의 독자를 위해서라도 내면과의 싸움을 게을리 하지 않았던 독신의 그 분, 나는 그 분에게서 위로받곤 하였다.

거울 저편에 남편이 다가온다.

의기소침한 나를 보고 의아해하며 못마땅해 하는 눈치

다. 의식을 가다듬고 몽환에서 벗어나 남편을 바라보았다. 남편의 미소 속에 우수가 흐르는 듯했다. 어느새 눈가에 착잡한 방울이 지고 만다. 두 귀를 꼭 막고 두문불출하고 싶어진다. 다행히 이 시간이 나에겐 사색의 순간이 되곤 한다.

나는 현모양처와 더불어 자신을 살릴 수 있는 길을 찾고 싶었다. 허풍과 사치와 허무의 실체를 좇는 그림자가 아닌, 영혼을 진솔하게 깨우칠 수 있는 그 무엇인가를 찾고 싶었다. 어느 글에선가 Y 선생님은 40대 여인을 '초가을'이라 평했다.

내면의 계곡에는 조용한 강이 흘러간다.

꿈을 갖고 살기에는 죄송해 서성이는 40대의 부조화, 꿈을 포기하기에는 마음이 아파 발을 둥둥 구르는 목마름, 종점의 겨울을 눈앞에 둔 채 가을을 조용히 지켜본다.

여명의 창을 더듬기 위해 매무새를 가다듬어 본다.

살아온 흔적을 재충전하고 싶어 글의 세계를 열망해 본다. 자유로운 그 세계를 갈망하며 들판을 달리고 싶어진다. 회색지대에서 숨 막혀 버둥대지 말고 나의 것을 찾아 다가가고 싶어진다.

영혼을 불사르지 않고 얻어지는 게 무엇이 있을까. 안일함 속에는 아무것도 남지 않으리라.

어느 날, 나는 세상에 와서 잃은 것 밖에는 아무것도 없다는 회의감으로 긴 밤을 새우곤 했다. 원하지도 않았던 신학 공부의 계기와 포기의 이유들이 또 다른 모습으로 세상 앞에 서기 시작하면서 양심은 깊은 수렁으로 스며들곤 했다.

늦게나마 시계의 초침소리가 의식을 깨워주므로 감사한 생각이 든다. 대해(大海)속에 침적된 마그마가 꿈틀대는 것 같아 출렁이는 파고(波高)를 뽑아내고 싶은 충동이 생긴다. 이젠 글 속에서라도 자유인이 되어 '포레스트 검프'처럼 앞을 향해 달려 가보고 싶다.

창문을 열고 세상을 내다보니 햇살이 따사롭게 스며든다.

칙칙하고 어두운 방황의 터널이 통과 되어 감을 의미하는 것일까. 이 환희의 계절에 옆집 아줌마 커피향이 나를 부르고 다감한 친구들과의 점심 약속도 기억해본다.

인간은 더불어 살아야 되는 존재들이므로 우리는 어느새 함께 모여진다. 유머를 소중하게 여기려는 나의 생활 철학은 타인과의 거리감을 좁히려고 노력하기도 한다.

새로운 바람이 불어온다.

남편의 눈빛도 살아있다. 그 미소가 정겹게 나를 감싸며 "무슨 꿈을 꾸었지?" 하고 나지막이 묻는다.

나는 아무 말도 하지 않았다.

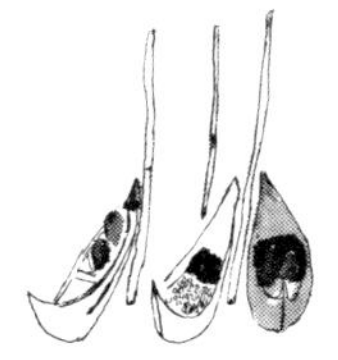

목련이 툭툭 터지는 날이면

음음
인연이면 다 인연인가

늘상 만나 웃는 일 잦다 해도 사람이 사람을 향한 마음의 통로가 어디 순탄한가 짧은 인생 살면서 마음에 와 닿는 인연 어디 그리 흔한가 사람과 사람과의 관계는 오묘하고 야릇한 유희가 아니던가 만나서 껄껄껄 부자가 되는 사람이 있는가 하면 눈 마주 하기 힘들 정도로 혼탁한 관계도 없지 않으니 이 험한 세상에서 가슴 복판에 꿈인 듯 생시인 듯 나를 옭아 매는 인연이 있으니 그 독한 인연과는 전생에 어떤 계약이 맺어졌던 것일까

형제자매와의 도타움이 이보다 진득할까 부모 자식 간의 정이 이처럼 붉게 타오를까 오늘처럼 목련이 툭툭 터지는 날이면 내 어찌 그 인연을 기억하지 않을 수 있으랴 귀하고 소중하여 차마 내 입으로 중얼거릴 수 없는 그 지독한 인연을 내 어찌 섣불리 백지 위에 그려 가랴 마는 오늘처럼 목련이 툭툭 터지는 날이면 눈물겨운 님과 소리 없이 마주 앉아 그동안 가는 길에 별 어려움은 없었느냐고 이젠 운명의 무릉도원이 되어 편안해졌느냐고 안부라도 묻고 싶은 심정이니 누가 끈질긴 인연을 질타할 수 있으랴 '낯선 곳에서 하룻밤' 쉬고 싶어 여행을 떠난 줄 알았는데 100일 지나고 1,000일이 가까워도 골방의 전화벨이 울리지 않으니 망측한 춤사위가 아니고 그 무엇이랴

음음
인연이면 다 인연인가

음음음음 음음음

내가 노래하는 무대에는 조명등이 희미해 생명의 싹이 움트지 않소 꽹과리를 두드리고 장구를 내려쳐도 푸른 감흥이 일어나질 않소 영혼의 날개마저 거세당한 탓인지 관객의 그 깊은 수군거림과 무대의 퀭한 종소리도 오래도록 들리지 않소 버선발로 뛰쳐나가 뱅그르르르 뒹굴어 볼까 하얀 적삼 걸치고 나가 관객석을 배회해 볼까
음음음음 음음음

생(生)은 한 판의 춤사위로세

뭐여라 그으래 어디선가 맑은 종소리가 들리기 시작하오 생은 한 판 그래픽 소설이라고 생은 한 판 춤사위라고 한

판의 춤사위는 천 개의 단어를 조립한 말장난보다 느낌을 줄 때가 때로는 있다오 남사당패들의 외줄타기 외로움처럼 아슬아슬하게 마음의 행로를 걸어가더라도 호오 탕한 춤사위는 삶을 지탱시켜 주는 이유가 되거든
음음음음 음음음

생(生)은 한 판의 춤사위로세

아니야. 웬일인지 난(蘭) 한 송이 키우기가 힘들어졌소 바람도 모르게 비틀거리고 있소 내 안에 또 다른 내가 숨어 있어 묘한 그 실체를 응시하고 있소 오호라 취화선 속의 그 남자가 불꽃으로 환생하여 피 묻은 영혼을 소생시키고 있소 피카소의 손놀림 간딘스키의 발놀림 백남준의 영혼 놀림으로 걸음걸음의 춤판을 벌이고 있소
음음음음 음음음

생(生)은 한 판의 춤사위로세

이럴 수가 숨통이 막힐 줄이야 심통이 막힐 줄이야 별 수

없이 카멜레온의 치킬 박사와 야누스의 옷깃으로 가면축제를 열며 자정이 넘은 달밤을 휘휘휘휘 배회할 수밖에 없소 인생은 한 판의 춤사위와 다르지 않기에 늘 푸른 광대가 될 수밖에 없소 고요하고 기기묘묘한 무대 위에서 난(蘭) 한 그루를 키우기가 힘들어졌기 때문이오
음음음음 음음음

생(生)은 한 판의 춤사위로세

잠시 눈길을 멈추면 시름시름 죽어가는 난(蘭) 이제 그 난이 커튼 속 무대에서 훌쩍인다 해도 한계가 꿈틀거려 무대 저만치 진땀의 물살 권태의 물살이 콸콸 밀려오오 생은 한 판의 춤사위라고 바람도 모르는 새 고독 속에서 호호 탕탕 신음을 하는 그 실체로 인해 구토를 심하게 아아니 무슨 말씀 경배할 이유가 생기고 말았소
음음음음 음음음

생(生)은 한 판의 춤사위로세

보시오 때로는 용서할 순 없소 그 광명에 춤의 극치를 외면하는 이 자신을 용서하지 못해서 목구멍이 타들어가도록 경멸의 물살이 밀려오오 오호라 글쎄 내 인생은 두 개의 심장을 갖고 있나보오 사랑과 예술이 그와 다르지 않기에 이들은 무대 위에서 양심도 가책도 없이 투쟁을 하오 내 전부를 부수려고 밤낮 없이 요동을 치오
음음음음 음음음

생(生)은 한 판의 춤사위로세

꽃샘추위로 인해 신열이 끓어도 영혼의 혼란으로 인해 피범벅이 되어도 지독한 그 실체들은 생애 전부를 삼키려고 하오 그래서 춤꾼이 되기를 서원했나 보우 자유다운 자유를 실현하기 위해 피에로 중의 피에로가 되었나 보우 그래 맞소 폭풍의 언덕을 휘가르며 빨간 토슈즈 파란 토슈즈를 수 십 켤레씩 만들던 춤꾼이었나 보우
음음음음 음음음

생(生)은 한 판의 춤사위로세

오호라 그래 저만치 모딜리아니 연인 잔느의 슬픈 눈빛이 속세에 찌든 나를 응시하고 있소 무대 위에서 소설 속의 주인공이 되어 비익조처럼 날아 보라구 하오 오호라 그래 토마스 하디의 「테스」의 그 남자가 생생초(生生草)를 안고 달려들고 있소 「닥터 지바고」에서 '라라'의 그 남자도 흑갈색 영혼을 수술하려고 달려들고 있다오
음음음음 음음음

생(生)은 한 판의 춤사위로세

오호라 맞소 난(蘭) 한 그루를 키우기 위해 한 판의 춤을 추어보세 생은 한 판의 춤사위라구 오호라 웬걸 미안하오 난 한 그루를 키우다 보니 권태로 인해 힘들어졌소 생은 한 판의 춤사위라고 오호라 여전히 암 말 마소 난 한 그루 생(生)하기 위해 한 판의 춤을 추어보세 바람과 구름은 남사당패로세 생은 한 판의 춤사위라구
음음음음 음음음

생(生)은 한 판의 춤사위로세

차라리, 구명조끼를 벗고 싶다

감사 무한제곱

수용하는 삶도 삶이기에 현실에 순종하며 살아간다.

흐르는 대로 떠밀려가는 대로 놓여진 상황에 항복하며 감사한 마음으로 살아간다. 그동안 바람막이로 존재해 준 남편, 어설픈 나를 어머니로 거듭나게 해준 1남 3녀의 자녀들, 미흡한 나를 문단의 길로 이끌어준 스승, 주변에서 조언과 사랑을 아끼지 않았던 친구들….

그러나 모든 것은 나를 나답게 주어진 길에 고개 숙이고 순종하게 하지만 진정한 의미로서의 나는 아니다.

나는 급류에 휩쓸려 떠내려가는 익사 직전의 생명에서 탈피하고 싶어 황금빛 생명선, 붉은빛 구명조끼를 입고 있을 뿐이다.

그러나
다시 한 번 삶이 주어진다면
사치(奢侈), **one**

나에게는 두 갈래의 길이 있다. 전혜린이나 루 살로메 같은 여자가 되거나, 이름 없는 수녀나 비구니가 되는 것….

때로는 전혜린처럼 자신의 길이 아니면 과감하게 길을 틀어, 미지의 세계를 향해 도전하고 싶다.

흐르는 물살이 자신의 코드와 어긋났을 때는 그 물살에 역행하며 주관을 가지고 헤엄치고 싶다. 지루하고 남루한 삶에 견디지 못했을 때는 짧고 강렬하게 삶의 연출을 변형시키고 싶다.

루 살로메가 지성인들의 친구 - 니체, 릴케, 프로이트의 정신세계를 왕래하며 정신적인 지주가 된 것처럼, 나도 내 자신과 코드가 일치되는 지성인들과 교류하며 묘묘한 우정 탑을 쌓아가고 싶다.

전혜린과 루 살로메!

이 여성들이야말로 내 초라한 의식의 영토에 사랑의 끼, 문학의 끼, 몰두의 끼, 상상의 끼, 철학의 끼, 모험의 끼를 공급해준 뮤즈들이다.

나는 이들의 예술관, 철학관, 인생관, 사랑관, 죽음까지도 마음을 바쳐 흠모하기 때문이다.

하지만

그 자체가 삶의 허상(虛想)이라면

사치(奢侈), two

영(靈)적인 세계를 지향하며 세속과는 분리된 생활을 하고 싶다.

새벽녘 물기를 머금고 피어난 풀꽃처럼, 조촐한 수녀나 비구니가 되어 신앙 안에서 마음을 다스리며 살아가고 싶다.

세상의 현란함과는 인연을 끊고, 투명한 시냇물에 자신을 투영하며 맑고 또 맑게 흐르고 싶다.

그 자체가 힘에 겨워 숨이 차다면 묵주와 염주를 굴리며 영육(靈肉)을 관리하고 싶다. 그래도 계속 숨이 차다면 계곡으로 다가가 맑은 물줄기로 희디흰 젖가슴을 씻어내고 싶다.

저만치 바람이 불어오더라도 세상 안부는 단연코 거절하며, 말없이 발걸음을 돌리고 싶다.

미친

듯이, 미친 듯이, 영혼의 고향을 찾아 어디론가 줄행랑을 치고 싶다.

방 안에서 야릇한 상념과의 싸움

음음
그래도 그렇지

모기와 매미가 오늘따라 사람을 울적하게 한다 양심의 가책도 없이 허벅지 살 토막에 구멍을 낸다 여명인데도 매미소리가 최후의 숨을 몰아쉬며 고요를 깨고 있다 다시 오지 못할 계절이 아쉽다며 슬픔을 토하고 있다 잠시 다니러 온 고향 - 시골의 아침은 적막하여 침묵 속의 고요로 인해 몸 둘 바를 모르겠다 소리 없는 굉음에 질려 도망이라도 치고 싶은 심정이다 새벽잠을 털고 일어났지만 환각상태에 빠진 듯 몽롱한 느낌이다 아버지의 숨결이 배인 방안 - 스스로 떠나신 지 수년이 되었지만 아버지의 처절한 영혼은 집안 구석구석 엄숙하게 맴돌고 있다 나는 아버지가 돌아가신 지 얼마 되지 않아 아버지의 피 묻은 환상에 시달리곤 했다 붉은 환상을 감당하지 못해 주님께 매달리곤 했다

음음
그래도 그렇지

아버지의 영혼을 위로하며 아픈 환상을 완화시켜 달라고 새벽마다 울부짖었다 어느 날이었다 나도 모르는 순간에 환상에 시달리기 시작했다 꿈인 듯 환상인 듯 제주시에 있는 부둣가에 서서 아버지를 기다렸다 새벽이 되자마자 부둣가에 이름 모를 여객선 한 척이 도착했다 여객선에서 내리는 아버지의 모습은 나를 소스라치게 했다 지워지지 않는 그 처절한 환상 - 아버지는 알몸으로 피투성이가 된 채 세상을 응시하고 있었다 그 모습은 아버지의 생전에 고통의 상징과 돌아가시는 과정에서 고통당한 영혼의 표출인 것 같았다 순간 아버지의 피 묻은 알몸이 창피하고

무서웠지만 고요한 마음으로 아버지의 영혼을 감싸드리며 치부인 아랫도리를 가려 드렸다 그러나 사람들의 시선은 아버지의 그 고통을 응시하고 있었다 그때 일을 더듬어 보면 지금까지도 가슴이 펑 뚫린 채 절망적인 순간이랄까

음음
그래도 그렇지

나는 그 환상을 가슴에 담은 채 오랜 시간 누구에게도 얘기하지 않았다 하지만 다시 아버지 환상이 따라 다녔다 우리가 사는 아파트는 넓은 들판에 있었는데 아버지는 다시 성큼성큼 걸어오고 있었다 하얀 망토를 걸치고 어린 딸의 손목을 잡은 채 우리 집을 향해 쳐들어오고 있었다 안개에 가려서 아버지와 동생의 발은 보이지 않았지만 어딘가 모르게 그들의 모습은 평화로워 보이긴 했다 당분간 그 환상은 거듭 되었고 나 역시 정신이 지쳐서 견딜 수가 없었다 나는 창자가 끊어질 만큼 소리를 질렀다 "아버지 생전에 저를 위해 무엇을 해주셨나요 나는 아버지를 사랑하지 않습니다 무엇 때문에 돌아가셔서까지 힘들게 하십

니까 맏딸을 위해 베풀어 준 것이 무엇이 있다고 내 영혼을 이처럼 할퀴어 놓으십니까 저는 아버지가 싫습니다"

음음
그래도 그렇지

나는 목 놓아 울었다 그 후부터 아버지의 환상은 꿈에서도 보이지 않았다 나는 아버지를 사랑한다 처절한 그 영혼을 사랑한다 마지막 떠나는 길 헝클어진 육신과 영혼을 부둥켜안은 채 상황을 수습하며 아버지를 환송해 드렸다 자식된 도리로서 고통을 나눠 가질 수 없었던 지독한 불효 때문에 두고두고 괴로워했다 행동으로 옮길 수 없는 죽음 - 나는 아버지의 그 죽음을 세밀하게 응시했지만 그 죽음을 몹시 증오한다 지금처럼 고독한 순간이 오더라도 아버지의 그 길을 따라가지 않는다 아버지는 살아 계실 때 9살 된 막내딸의 교통사고를 눈앞에서 지켜보고 흩어진 그 살점을 주워가며 오열한 적이 있다 남몰래 깊은 상처를 안고 살아가신 분이었다 그럼 아침잠을 깨운 모기와 매미는 아버지와 동생의 넋은 아니었을까 유난히 우울함

에 빠지게 하던 그들의 정체는 과연 무엇일까

음음
그래도 그렇지

세상사에 바쁜 어머니는 품삯 일을 가셨는지 집안은 적막에 휩싸여 인기척이 없다 창문을 열어보니 마루구석에 아침 식사가 조촐하게 차려져 있다 오랜만의 만남에 어머니와 정담을 나누고 싶었는데 집안 구석구석에는 침묵만이 흐르고 있다 할 수 없이 침묵을 해부할 수밖에 없고 과거의 빛깔들을 들춰내기 시작한다 이 평온함과 이 무덤덤함이 두렵다 이 빛깔에 짓눌려 도저히 숨을 쉴 수가 없다 나는 나도 모르게 처절하게 그 시간 속으로 흡수되어 간다 비명을 지를 만큼 강렬한 빛 - 사방을 커튼으로 가려서 검붉은 햇살을 막아본다 미친 듯 부추기던 광선이 시간이 지남에 따라 버거운지 숨을 죽이기 시작한다 시기상조로 내려진 커튼 - '쾅' 하고 과거의 문을 닫아버린다 아버지의 영상을 지우고 나도 정신과 몸을 추스른다

음음
그래도 그렇지

사람의 체온이라곤 없는 방 안 이곳에서 하루를 더 넘길 수 있을지 모르지만 검붉은 소용돌이를 잠재워 본다 조용 조용 순수의 집으로 사념(思念)을 몰고 간다 아 예상외로 시간을 음미해볼 수 있는 즐거움 - 공기와 침묵하며 합일을 꿈꾸는 자유 - 장벽을 뚫고 평온을 훔쳐보는 여유 - 순간이 마지막 삶이 될지라도 초연해질 것 같은 무덤덤함 - 순수로 승화되어 참신하게 살아 보려는 노력이 이곳저곳 기웃거리고 있다 환희가 춤을 춘다 재빨리 삼중 커튼을 닫아버린다 베일 속으로 나의 실체를 온전히 가둬버리니 세월을 휘감은 피로감이 통쾌하게 사라지고 있다 아버지 영상이 고통의 음률로 흥얼거렸지만 광적인 장구에 살풀이춤을 추던 흔적들이 배시시 하게 웃고 있다

음음
그래도 그렇지

여전히 커튼을 열고 싶지 않다 광선은 나를 온전히 태워

버렸으므로 칙칙한 하늘 - 비라도 쏟아질 것 같은 날씨가 그립다 죽음처럼 초연한 방 안 - 아버지가 숨을 거둔 바로 이 장소 - 한 치의 이탈도 없는 그 심장에 쪼그리고 앉아 회색으로 채색된 과거와 싸움하는 순간이었으나 나는 이곳을 떠나면 누구에게도 아버지에 대해서 입을 열지 않는다 침묵의 무덤을 가슴속에 만들어 버린다 그래 그 모기와 매미는 세상에 다시 올 수 없으므로 여행의 둘째 날을 독서로 마무리 하자 이것이 삶의 본전 인생의 본전이다 옆집 아저씨 경운기 소리가 마을을 휩쓸고 지나간다 완벽하게 살아있는 색 살아있는 세계가 그립다 마음속에 평온이 꿈틀대고 있으므로 삼중 커튼을 '휘익'하고 걷어버린다 고독과 방종 헛헛함을 땅 끝까지 내던져 버린다

음음
그래도 그렇지

바람아, 불지마라!

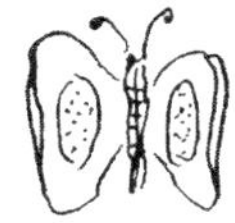

『인형의 집』의 '로라'가 생각난다.

그녀는 무엇 때문에 자신을 인형에 비유하며 그 남자의 울타리를 거부했을까. 파도처럼 절규하며 아름다운 정원을 뛰쳐나갔을까.

여성의 존재는 무엇을 의미할까.

삶의 본질은 무엇이며 어디까지의 삶이 후회 없는 흔적이며 아름다운 통로일까. 정상적인 삶에서 이탈하지 않는 것은 어떤 모습일까.

아이들의 뒷바라지, 아침마다 남편 와이셔츠 다려주며 앵무새가 되어주기, 적은 봉급 쪼개가며 재산 증식하기, 친척과의 우애를 다지려고 땀 흘리며 노력하기.

나는 어디까지 와 있는가.

진정 이해 받을 수 없는 범위를 벗어나고 있을까. 그 사람의 이야기를 해부해 보면, 보편적인 여자와는 멀리 떨어져 있는 것이 사실이 아닌가.

사랑하는 정원 - 나는 개미클럽을 열심히 보좌한다. 삶을 무의미하게 낭비하지 않으려고 바스락거린다.

하지만, 해수(海水)가 으르렁거리며 몰려온다.

아직은 건너야할 섬들이 많은데 뱃멀미를 가중시킨다. 갈증이 일어나며 땀이 나기 시작한다.

바람아, 불지마라!

바람아, 불지마라!

삶을 아름답게 장식하다가 지상의 길을 떠날 때까지, 일상을 조심스럽게 조립하다가 무릉도원으로 승천할 때까지.

심청사달(心淸事達)

"마음이 깨끗해야 만사가 형통한다."

그러나….

삶이라는 실체가 낙엽의 최후처럼 적막해 보인다.

삶의 흔적으로 명함 한 장을 내민다면 벽에 걸려있는 30호 정도의 가족사진이 아닐까. 마음 모퉁이에 색다른 에고(ego)가 용솟음쳐도, 액자 속의 사진은 내 작은 육신을 태연한 듯 묶어 놓는다.

그동안 나는 절대적인 것에 지배당하기를 원해 왔는지도 모른다.

신이 나를 지배하고 있으므로 존재하고 있지만, 어딘가 모르게 정신 한 구석이 지쳐가는 것 같다. 확신은 있지만 따라갈 수 없는 마음, 자신을 하얀 꽃처럼 정제하지 않으면 관념의 유희에서 견뎌낼 만큼 나의 의식은 건강하지 못하다.

에고(ego)보다 강한 내면의 유희 - 사람을 통해서든지, 이론을 통해서든지, 신앙을 통해서든지, 자연을 통해서든지, 사람을 사람답게 하는 것, 살아 숨 쉬게 하는 것, 한 모금의 생수가 그리운 순간이다.

세상은 하수구처럼 혼탁해 있으나 환상의 유희는 무엇보다 아름답다.

거리에는 안개가 자욱하게 깔려있으나 환상의 세계는 샘물처럼 아름답다. 환상을 꿈꾸는 것이 나의 우울이기도 하고 기쁨이기도 하지만, 정신을 세척시킬 수 있는 기회가 되어준다.

많은 사람들이 인도의 명상가, 라즈니쉬 제자가 되어 영적훈련을 혹독하게 거쳤다면 세상은 어떤 모습으로 변했을까.

나는 라즈니쉬의 제자였던 전위무용가 홍신자의 정신세계를 존경한다.

책을 통해서도 느낄 수 있었으나 강의를 통해서도 잔잔

하게 흐르는 고뇌의 빛깔, 치열하게 용솟음쳤던 예술의 끼, 추구하는 세계가 선명하게 떠올라 선생님의 고통과 인내, 인생을 사랑하게 되었다.

삶을 사는 동안 사막을 헤매며 방황하더라도 영혼을 지배할 수 있는 대상이 나타나 마주 한다면, 영적인 부활을 느낄 수 있을 것 같다. 내적인 부활이야말로 구원과 비교될 수 있는 삶의 에너지, 생명의 근원이기 때문이다.

주변에도 오아시스 역할을 하는 사람들이 없진 않다.

바라보기만 해도 평온을 가져다주는 사람, 심오한 샘물처럼 향기가 배어나오는 사람, 지나치게 세속적인 사람들보다 절제된 자유주의자들과 대화를 나눌 때면 삶의 희열을 느낄 수 있다.

인간은 대부분 평범에 길숙하게 길들여져 있으므로 지나친 일탈을 꿈꾸진 않는다. 황금빛 천으로 자신을 포장하며 세련된 위선자가 되고 만다. 일상의 권태와 공허 때문에 숨이 막혀 와도 사계절은 순리를 역류하지 않는다.

삶은 잔인할 만큼 무자비하다.

가까스로 의식주를 해결하면 마음이 가득 찰 줄 알았는데, 정신을 가다듬고 세상을 내다보면 정답은 그곳에 있지 않다. 잡힐 듯하면서도 잡히지 않는 절대적인 세계, 마음을 세척시킬 수 있는 순수의 대(大)극치, 연못에 피어난 수련화 같으면서도 핏줄이 용솟음치는 듯한 광기, 이처럼 인간은 불투명한 실체를 찾아 여행을 떠날 수밖에 없는 것 같다.

나는 이때 방안에 숨죽이고 들어앉아 수많은 생각에 잠겨본다.

남편이 '몽상가'라며 종종 비웃어도 어쩔 수 없는 삶의 일부분이다. 입안에 물집이 생겨 영양제를 필요로 하면서도, 정신의 배낭을 둘러매고 환상여행이라도 떠나본다. 앞과 뒤를 훑어보아도 눈물겹도록 초췌한 삶, 강물처럼 어딘가를 향해 질주하지만 불투명한 삶의 방향, 세속화된 삶 속에 처절하게 길들여져 타인에게 속고 타인을 속이며 줄행랑치는 삶, 수 만개의 가면을 뒤집어쓰고 성녀복을 입은 삶, 삶이라는 실체는 압구정동의 불빛처럼 찬란하여 평범과 겉치레 외엔 아무것도 없다.

절대적인 세계를 갈망해 볼까.

공기가 미소 지을 만큼 투명한 세계, 수덕사의 공기처럼 무거운 세계, 도심 속의 수녀원처럼 절제하는 세계, 때론 상처 부위에서 나체 춤을 추는 핏방울도 닦아보고 환희에도 차보면서 알지 못할 곳으로 여행이라도 떠나볼까.

성녀들의 수도복이 그들을 묶어놓는 굴레인 것처럼, 여섯 식구가 찍은 가족사진이라도 탓해 볼까. 아이들의 초롱초롱한 음성과 눈망울, 아롱이의 촉촉한 눈 맞춤과 삐악거리는 오골계까지 뒤로 접어두고, 영혼의 새가 되어 창공이라도 날아볼까.

이처럼 일상의 권태들이 뱀처럼 꿈틀거리며 나약한 의식을 잡아당기고 있지만, 어느덧 환상에서 깨어날 시간, 행주치마를 두를 시간이 되었다.

삶의 '간이역'을 통해, 정신의 찌꺼기를 씻어내는 귀한 시간이 되었다.

순간의 열정은 창백한 것

"최초의 서양화가 나혜석이 「이혼 고백서」를 발표했다구."

"그럼, 나혜석처럼 의식이 세련된 여자라면 발표하고도 남지."

나혜석의 세련미가 무의식을 세척해 준다. 통쾌하면서도 우울하게 카타르시스를 느끼게 한다. 뙤약볕에 시달림 당하는 야생화에게 소낙비가 된 느낌이다.

세월이 변하긴 한 것 같다.

7, 8년 전만해도 나혜석을 옹호하다 보면, 부도덕한 사람으로 각인되어 입장이 난처했다. 요즘은 머리색상과 루즈 색상이 다양해지면서 나혜석의 정신세계를 이해하려는

사람들이 늘고 있다. 나도 그 여자를 이해하고 싶었지만 마음 놓고 찬미할 수 없었던 위선자에 불과했다. 나혜석에게 호감을 갖는 것만으로도 지체 없이 '야릇한 물건'으로 낙찰되기 때문이다.

"웃기는 내숭이었지. 내 안의 빈 웃음을 만질 때마다 중심부에 감춰진 냄새나는 내장(內臟)을 상상해 보곤 했어. 냄새 지독한 구정물을 숨기며 사람 노릇하려고 땀을 흘리곤 했지."

가슴 밑바탕에 깔려있는 위선을 해부해 본다.

샤워기 틈새로 삶에 대해 생각하며 창밖을 훔쳐본다. 때로는 인생의 정체성에 대해 고민해 보는 여성, 일상적인 삶을 살면서라도 산책을 나서는 여성, 비 오는 날이면 커피숍 구석에 앉아 쓴웃음을 지을 수 있는 모퉁이의 삶을 찾고 싶다.

남편과 자녀에게 미안한 마음이 들겠지만, 무의식 속에 자리 잡고 있는 정체불명의 유전자로 인해, 꿈을 먹고 사는 여성, 환상을 먹고 사는 여성이 되고 싶다.

그때 나는 100년 전의 화가, 나혜석의 푸념을 들어본다.

나는
인형이었다네
아버지 딸로서 하나의 인형
남편의 아내로서 하나의 인형

나는
로라의 형상 때문에 환멸이 온다네

하지만,
이젠
사람처럼 살고 싶다네
여자이기 이전에 인간이 되고
싶다네

생각과 행동을 병행하던 나혜석은 시대를 앞서 간 역사의 선구자, 여성의 선각자, 괭이로 땅을 일구며 기름진 의식을 생산하던 불멸의 예술인이다.

100년 전, 그 시절에는 현모양처만이 살아남을 수 있는 세상이 아니던가.

정도(正道)의 일탈자는 광인(狂人)이 되거나 수도승이 되었다. 수덕사에 짐을 푼 김일엽 스님과 그 언저리를 맴돌았던 화가 나혜석처럼 말이다. 현모양처가 존재한다면 현부양부도 존재해야 하지 않을까.

"나혜석이란 여자, 최승구가 폐결핵으로 요절하더니 정신 중심부에 변화가 생겼대. 그때 그녀의 나이가 20대 초반이었나봐."

"글쎄, 내 얘기 좀 들어 봐. 그건 아무것도 아니야. 그녀는 훗날 김우영과 결혼하고 신혼여행을 최승구 무덤으로 갔잖아. 과거를 정리하는 입장에서 옛 애인 최승구 무덤에 비석을 세워 달라고 남편인 김우영에게 졸랐다지 뭐야."

"물론, 김우영도 허락했지."

"쇼킹한 소리, 쇼킹한 소리."

"김우영의 멋진 포용력, 세련미가 철철 넘치지 않니."

"글쎄…."

"100년 전, 그 정도 미의식(美意識)의 남녀라면, 밤잠을 설치면서라도 눈여겨 볼만 하잖아. 하기야, 김우영도 미혼이 아니고 상처한 남자였잖아. 그런 의미에서 본다면 김우영에게 나혜석이라는 여자는 과분하지 뭐."

"어쨌든 나도 야릇한 마력에 이끌려 문학을 하거든. 문제는 나혜석 화가를 흠모한다는 것 아니니. 내가 만약 영화배우나 연극배우가 된다면 '나혜석 역할'을 광적(狂的)으로 해보고 싶어. 전생에서 풀지 못한 미묘한 끼를 작품을 통해서라도 처절하도록 풀어 보고 싶어. 나혜석처럼 꿈을 실현시키기 위해 자신의 길을 정해 놓고 미친 듯이 전진해 보면서 말이야. 운명적인 사랑을 하다가 상대가 떠난다 해도 비애 자체를 드라마틱하게 승화시켜 가슴 중앙에 무덤을 만들기도 하고, 후유증 때문에 거리를 헤매기도 하면서 말이야. 정신을 추스른 후, 원만한 배우자를 만나 석류 같은 자녀들도 낳아보고 말이야. 권태가 몰려오면 남편과 함께 여행을 떠나기도 하고, 남편과의 생활이 삶의 과정에서 감당 못할 형벌이라면, 옛 애인과 흡사한 남성을 찾아 로맨틱한 사랑도 꿈꾸면서 말이야.

후유증이 불륜으로 치부되어 악녀(惡女)로 몰아갈지라도, '사랑'이라는 처절한 어휘에 상큼하게 속아 나날이 분노하다가 죽어가고 싶어. 상대의 배신감에 진저리를 치다가 증오의 싹들을 틔우고 싶어. 이혼녀가 되어 거리를 헤매다가 헝겊인형을 등에 업고 킥킥대면서 말이야. 때론 자녀들의 학교로 찾아가 그들의 뒷모습을 훔쳐보면서 흐느껴 울기도 하고, '부정한 엄마'가 왔다며 도망치는 자녀들을 바라보다가, 자신의 정체성을 확인한 후, 학교정문을 처절하게 빠져나오고 싶어. 사랑했던 사람을 법정에 고소해 위자료도 청구해 보고 싶고, 인생에 있어서 삶을 느끼게 했던 파라다이스를 미치도록 그리워 하다가 죽어 가고 싶어. 고통을 잊기 위해 작품에 몰입하는 여자, 세인들의 지탄을 받으며 익명(匿名)으로 죽어가는 여자, 나는 열정을 다해 그런 배역 - 나혜석의 배역을 해보고 싶어. 천 년 후, 자신의 존재가 드러난다면 인간의 속성들을 채찍질 해주며 죽어도 죽지 않는 다소곳한 원귀(冤鬼), 그 소름끼치는 역할을 해보고 싶어."

나혜석을 기억하는 마음은 비 오는 날의 푸념으로 흘러간다.

광적인 충동은 삶 자체를 드라마와 문학 속에서 대리배설 시키려는 현대인의 아우성으로 환원, 절대고독의 광장을 뛰어넘고 있다. 침묵으로 웅성대는 현모양처 군상들이 세상 구석구석에서 신음하고 있다.

나혜석을 상상하다 보면 마음이 울적해질 때가 많다.

부도덕한 여인임으로 용서 받을 수는 없지만, 같은 여성으로서 공감되는 부분들이 없지 않고 심층의 세련미가 아름답다.

그녀의 주변에 맴돌았던 찬란한 '그림자'들을 훑어본다.

사랑하는 사람을 끝까지 지켜주지 못하고 세상을 탈출해 버린 첫사랑의 남자 최승구, 사랑을 빌미로 나혜석을 유린한 동학의 우두머리 최린, 아내의 미묘한 세계를 흡수해 주지 못하고 이혼을 요구한 김우영, 형형색색의 남성들이 그녀를 처절하게 칼질하고 말았다.

나혜석이 옳다는 것만은 아니다.

'여성이라면 나혜석의 정서를 갖고 살아갈 때도 있지 않을까' 하는 공감대 때문이다.

나혜석은 어리석은 삶을 살았으나 지혜로웠고 개성도 독특했다. 진명여고를 수석으로 졸업, 동경여자미술학교를 거쳐 독립운동에도 물심양면으로 지원했다.

나혜석의 현실적 비극은 31살 때인 것 같다.

남편 김우영과 세계 일주를 하던 중 파리에서 체류할 때, 그녀에겐 몽마르트를 오르내리던 시절이 삶의 전성기였다. 그림에도 진취적으로 전환을 시도했으며, 고리타분한 현모양처에서 잠시 탈출, 최린과 낭만적인 사랑을 하면서 여성으로서의 정체성을 확인했다. 그들의 아름다운 만남이 최린에겐 '화려한 외도'에 불과했다는 것이 문제가 될 뿐이다.

나혜석 전시회에서마저 나혜석의 사랑을 흉보던 남자들을 보았을 때, 가슴이 답답해 어쩔 줄을 몰랐다. 사람들은 그녀의 천재성이나 작품성에 대해서는 호평을 하면서도, 최린과 나혜석의 사랑에 대해선 불륜으로 매도했다.

나혜석이 어두운 운명으로 삶을 마감하게 된 동기는 최린과의 사랑, 그 사기 당한 사랑 때문이다.

한 여인이 비운으로 세상을 떠났는데 우리는 이 문제에 대해 생각하고 넘어갈 부분들이 있을 것 같다. 정도(正道)를 일탈한 나혜석도 용서 받을 수 없지만, 남편 김우영과 나혜석은 사랑 때문에 맺어진 관계는 아니었다. 최승구를 잃고 좌절감에 빠져 있을 때, 자신에게 다가온 남자가 고마웠을 따름이다.

나혜석과 최린과의 관계는 다르다.

'사랑'이라는 이름을 내걸고 서로에게 다가갔다.

헤어질 수밖에 없는 운명일지라도, 진실의 흔적은 보여줘야 하지 않았을까. 나는 최린의 모든 것을 훑어보고 실망을 많이 했다.

자신의 신상문제를 커버하기 위해 전국에 배부된 수만 부의 동아일보(나혜석의 이혼 고백서 발표)를 몇 시간 만에 회수했다는 대목을 읽고, 최린의 위선과 거대한 위력에 분노할 수밖에 없었다. 위력의 갑옷을 두른 매정한 사나이 때문에 시대의 보석, 나혜석이 죽어갔기 때문이다. 가치 없는 상대 때문에 소중한 남편, 소중한 아이들, 소중한 인생을 소멸했기 때문이다.

친구와 차 한 잔 마시며 대화의 장이라도 열고 싶은 오늘, 마음속에 눅눅하게 남아있는 그림자 - 나혜석을 해부해 본 하루였다.

마음의 산책

추억을 찾으려고 꿈길을 헤매고 있었다.

꿈의 여운을 만지작거리며 목욕탕으로 들어갔다. 영업을 알리는 회전등이 생동감을 주었고, 밤새 내린 함박눈도 꿈속의 쑥스러움을 용서해 주었다.

눈 뭉치를 굴리고 놀던 아들아이도 목욕을 같이 간다고 따라나섰다. 발자국을 남기며 뛰어가는 아이의 뒷모습은 세월을 앞당기며 나를 젊음으로 끌고 들어갔다. 마음이 우울할 때, 삶이 지루해질 때, 움츠러드는 정신을 채찍질 해주며 윤활유 역할을 하고 있으니, 보배가 아닌가.

늦게 낳은 자식이라 젊은 엄마처럼 보이려고 바동대니 후줄근하게 땀이 고인다.

엄마로서, 여자로서, 기본적인 아름다움과 매너를 잃지 않으려는 노력만이 아이에 대한 최소한의 예의라며 나를 관리한다.

"남자 아이라서 여탕에 들어갈 수 없는데요."

"그래서 새벽에 왔잖아요. 아직은 어린데 뭘 그러세요. 내일 개학이고 아빠가 출장 가서 그래요."

"우리야 상관없지만 손님들이 뭐라고 할 텐데…."

카운터에 앉아 있는 남자와 입씨름을 한 뒤, 목욕탕 문을 열었다. 목욕탕까지 격리될 나이가 되었으니 희비(喜悲)가 엇갈렸다.

마음을 가다듬고 문을 열었다.

등골에 물방울이 맺혀 있는 20초반의 아가씨, 여자인 내게도 체중계 위에 서 있는 아가씨가 청청하고 아름다운데, 내 아이가 '남자'라는 입장에서 아가씨를 본다면 무슨 생각을 할까. 잠시 혼란했지만 '아직은 어린 네가 무슨 감정이 있을라구' 하며 무시해 버렸다.

아이는 아가씨 몸에서 눈을 떼지 않았다.

'그래, 여성의 몸은 저런 거야. 별빛처럼 근사하지 않니?' 여자 대 남자로서, 자긍심을 느끼며 욕탕으로 들어섰다. 아이는 여자들을 보더니 쑥스러워 했으나, 물장구를 치느라고 정신이 없었다.

'괜한 걱정을 했구나' 하며 샤워기로 몸을 축였다. 물소리가 새벽 공기를 닮아 온 몸을 시원하게 했다. 술렁거리는 물살이 작은 폭포를 이루며 나를 씻어 주었다. 물살의 자태가 몇 겹으로 출렁거리며 세상의 때를 닦아 주었다.

자유를 만끽하는 듯 목욕탕은 여성들에겐 천국처럼 보였다.

사람들은 타고 난 끼를 마음껏 과시하며 몸과 마음을 닦았다. 나이에 관계없이 영혼까지 닦아내며 삶을 반추시켰다.

하늘처럼 생긴 사람은 하늘같은 자태로, 바다처럼 생긴 사람은 바다 같은 자태로, 자신을 조심스럽게 풀어 가며 순수한 자기를 놓치지 않았다. 세상을 잠시 잊으며 자아를 찾는 느낌이고, 사심과 고뇌가 사라지는 순간이랄까.

물장구를 치던 아이가 어느 할머니에게 시선을 집중시켰다.

"엄마, 할머니 몸이 왜 저래. 참, 이상해."

"그런 소리 하는 거 아니야. 어서 이쪽으로 와."

고희가 넘어 보이는 할머니였지만 몸체가 많이 망가져 있었다. 몸의 형태가 '?' 모양으로 변해 있었다. 줄어든 키에 척추는 90° 각도로 구부러져 있었고, 아랫배는 복부에 물이 찬 것처럼 만삭의 모습이며, 하반신도 앞뒤로 삭막하게 삭아 겨울나무처럼 보였다. 물살에 퍼지는 한숨이며 거친 손, 굵게 주름진 그 모습은 여자인 나를 울적하게 했다.

아들에게 보여지는 할머니의 모습 - 같은 여자의 입장에서 상황이 난처했지만, 노후의 내 모습일지도 모른다는 생각에 정신이 번쩍 들었다.

아이는 할머니를 바라보며 무슨 생각을 했을까.

체중계 위에 서 있던 아가씨의 싱그러움과 할머니의 작아진 몸체가 아이의 뇌리 속에 뱅뱅 맴돌겠지. 아름다운 모습과 슬픔의 교차 속에서 삶을 풀어나가는 데 영향이 미치겠지.

도움이 될까.

혼란이 올까.

회의가 일까.

어떤 상황 속에서도 인생은 자신의 몫, 그것은 삶의 소리이며 아름답고도 처절한 혼(魂)의 소리가 아니던가.

할머니는 주어진 삶을 무난히 항해하셨기에 다른 면으로는 부러워 보였다. 거센 파도를 헤치며 세상을 항해한 한 척의 배였기에 숭고해 보였다.

잠시 나는 보상해 드리는 마음으로 할머니 곁으로 다가갔다.

"할머니, 등을 닦아 드릴게요."

"아이고, 고마우이 애기엄마, 때가 많을 텐데…."

온갖 때들이 나를 비웃기라도 하는 듯, 껄껄 웃었다. 맑은 살갗이 손끝을 타고 올라와 그 자체가 '삶'이라며 속삭여 주었다.

시간이 지나도 할머니의 등골은 지워지지 않는다.

삭아버린 머리카락에 샴푸를 잔뜩 풀고 투쟁하던 할머니 모습, 그 모습이 고장난 풍차처럼 말없이 돌아간다. 탄력 있는 몸매를 삭게 한 세월의 행패가 야속하기만 했다. 조건 없이 희생한 것 같은 할머니의 모습, 가족에겐 어떤 대우를 받았기에 작아진 몸체에선 깊은 침묵이 흘렀을까. 무슨 죄가 끼었다고 미친 듯이 살갗을 벗겨내며 땀을 뻘뻘 흘렀을까.

목욕을 하면서도 마음은 복잡하기만 했다.

사람은 나이가 들면 순수해 보인다. 원점으로 돌아가는 뒷모습은 들꽃 냄새가 난다. 삶의 보상에 관계없이 길 떠날 준비를 하는 '겨울나무'들이기에….

고향의 어머님은 어떤 모습을 하고 계실까.

삶에 바빠서 안부조차 아끼던 나는 아니었을까. 처절하리만큼 작아져가는 육신인데, 삶의 채널을 나의 눈높이에 맞추며 삐거덕거린 적은 없었는가. 삭아가는 정신을 헤아리지 못하고 잔인한 말투로 대적하진 않았는가.

아이가 어른이 되면 목욕탕의 두 여인을 상기시켜 주련다.

그 모습은 네 엄마의 삶의 시간표였다고, 현실에 말없이 순종하다 보니 몸이 그렇게 작아졌다고, 주어진 길에 순종하며 묵묵하게 걸어온 삶의 대가였다고, 또박또박 말해주고 싶다. 삶의 갈피엔 물빛 추억도 자욱해 꿈길을 헤맨 적도 없지 않았다고, 다복다복 얘기해 주고 싶다.

세월의 영원 속으로 승화되었을 때 결 곱게 색칠하여 한 폭의 그림으로 남게 해달라며 긴 노래를 부르고 싶다.

2. 삶의 파노라마

삶의 파노라마

"핸들을 어느 방향으로 돌리면 좋겠소?"

그 사람은 와이셔츠 깃으로 땀방울을 훔쳐내며 중얼거렸다.

"알아서 질주해 봐요. 어디론가 생명력이 넘치는 세상으로 나를 안내해 봐요…. 휴일의 소용돌이 속에서 어렵게 만들어낸 소중한 시간들. 오늘 만큼은 당신에게 영혼까지도 처절하게 상납하고 싶으니까…."

초조한 마음으로 그 사람의 옆모습을 훔쳐보며 핸들의 방향을 주시했다. 여름날의 따가운 햇살. 숨 막히는 권태로움과 허허로움 속에서도 서로의 존재감을 확인해 보려고 조용한 시선으로 붉게 탄 목덜미를 바라보았다.

그 사람은 여전히 땀방울을 훔쳐냈다

머리끝 열기까지도 식혀주는 에어컨의 몸부림에도 행선지를 결정하지 못해 '서성이는 외출'을 연출해냈다.

갈등 끝에 정릉 터널로 들어섰다.

미로의 세계로 향한 한 쌍의 남녀, 휴일의 정오는 중년 남녀의 마음을 숯덩이로 만들만큼 짜증을 부렸고, 터널 속에 즐비한 자동차도 주차장을 방불할 만큼 헉헉댔다.

"행선지가 어딘데요? 차라리, 저쪽 길로 갔었으면…."

U턴도 할 수 없는 숨 막히는 터널 속, 순간 눈을 감은 채 그 사람과 함께한 29년간의 시간들을 더듬어 보았다. 터널 속에서 삶의 한계성에 진저리를 치며 되돌아갈 수 없는 삶에 고개를 숙였다.

"이 자체가 삶이라면 며칠 전 결혼한 딸아이는 어떡하지, 지금쯤 신혼지 해변에서 한 쌍의 야생마처럼 뒹굴고 있겠지만, 29년 후 지금의 내 모습처럼 삶의 터널 속에서 아이러니한 충돌에 부딪치면 어떡하지."

그 사람은 아랑곳하지 않고 미묘한 상상력을 심어줄 뿐 어둡고 긴 터널을 빠져나갔다.

뙤약볕에 시달리는 내부순환도로, 눈앞에 펼쳐지는 제

멋대로의 교통상황, 차라리 나는 눈을 감고 조용히 침묵했다. 환상과 꿈, 기대감도 포기한 채 그 사람이 안내하는 미지의 세계로 묵묵히 따라갔다.

"지금쯤 동료들의 골프공이 창공을 휘가를 텐데…."

의식을 가다듬고 있는데 그 사람의 혼잣말 소리가 들렸다. 오랜만의 외출을 통해 서로를 훔쳐보니 우리가 달려온 길, 앞으로 달려갈 길은 너무나 멀고 색상이 달랐다. 여건이 미미한 상태에서도 서로가 자의식은 강렬해 그 사람은 골프에 몰두해 있었고, 나는 소위 문학에 미쳐 있었다.

그럼 앞으로 남은 길은 페이브먼트일까, 오솔길일까.

불안하게 걸어가는 우리들의 미로(迷路) 여러 가지 생각에 시달렸지만 그 사람이 안내하는 여행지 - 나는 조용히 그 사람이 클릭한 삶에 한 가닥 희망을 걸 수밖에 별 도리가 없었다.

"이제, 내리시오."

"여기가 어딘데요?"

"상암 월드컵경기장, 여기를 한 바퀴 둘러보고 경기장 관리소장으로 근무하는 동기생 사무실로 가 봅시다."

"그래요? 혼자 다녀오세요. 나는 로비에서 기다릴 테니까."

그 사람은 퉁퉁거리며 2층 사무실로 뛰어가더니 낯선 남자와 함께 내려와 인사하라며 눈짓을 했다. 순간 나는 쏟아지려는 눈물을 가까스로 참아가며, 인사의 형식을 갖춘 후 밖으로 쫓겨나듯 뛰쳐나왔다.

"차라리 이런 형태의 나들이라면 혼자 집으로 돌아가는 게 나아"라고 두리번거리며 버스를 찾았으나, 버스가 눈에 띄지 않았다.

의식도 없이 다른 길을 걸어와 버린 우리 두 사람, 오랜만의 '외출'도 의미 있게 보내지 못한 채 미묘한 수렁으로 빠져들던 그 처절함….

그 사람은 황당한 모습으로 다시 나를 차에 태운 채 어디론가 달렸다.

둘이는 오랜 시간 아무 말도 하지 않았다. 방향이 캄캄한 목적지, 어디로 달리는지 모르지만, 숨을 죽인 채 묻고 싶지 않았다.

오후 3시까지 뱃속도 텅 빈 상태였다.

시간이 얼마나 지났을까. 눈을 떠보니 숨통이 트이기 시작했다. 드높은 하늘과 싱그러운 소나무, 서울을 벗어나 송추 방향으로 달려가는 자동차는 탄력이 붙기 시작했다. "남녀 간의 끈이 싱싱해지려면 탄력성 있는 고무줄이 되지 않으면 안 된다"는 프랑스 소설가 '프레보'의 말을 상기해 보며, 조심스럽게 나는 무의식까지도 조율했다.

그 사람은 주유소 쪽으로 핸들을 돌렸다.

"커피 한 잔 마시겠소? 저기 자판기가 보이네.

"그래요."

사실 자판기 커피를 서비스 받으면서도 '동전을 달라고 하면 어떡하지, 조심스럽게 삶의 편린들을 리모델링하는 과정인데 환상을 깨버리면 어떡하지' 하며 공포에 떨었으나, 자판기 쪽으로 달려가는 그 사람의 뒷모습엔 미묘한 확신이 가득 차 있었다.

그 사람은 예전과는 달리 많이 긴장하는 듯했다.

위태로운 여름날의 외출은 그 사람의 매너 있는 커피 한 잔으로 마음이 회복되기 시작했다.(휴우~)

"늦었지만 점심을 합시다."

"그래요. 메뉴를 정하세요."

그 사람은 '은행나무집'이라는 음식점으로 나를 안내하며 돼지갈비가 어떠냐고 물었다. 저녁 장사를 준비하려는 적막한 음식점, 돼지갈비는 나에게 특별한 메뉴였지만 지난 수요일, 목요일, 금요일, 연 3일 동안 계속 그 메뉴를 접한 상태였다. 지방에서 친척이 방문해서, 그 사람의 퇴근이 늦어지자 아이들과 저녁 한 끼를 쉽게 해결하기 위해, 내가 연루된 모임에서의 점심식사까지도 그 메뉴였다. 때문에 성의 있는 메뉴라 할지라도 돼지갈비를 택할 수 없는 상황이 아닌가. 하지만 그 사람을 난처하게 하기 싫어 죽은 듯이 그 메뉴를 택했다.

순간, 슬픔의 실체가 나를 휘젓기 시작했다.

"이건 아니야, 무언가 문제가 많아."

그 사람과 나의 삶의 방식, 생활과 취미가 극과 극처럼 어긋난 데서 일어나는 현상임을 실감했다. 공유하는 시간이 많지 않더라도 '상대가 원하는 일을 하게끔 배려해 주는 것이 사랑이라고 착각' 했던 탓이었다.

결과는 일주일 내내 서로가 무슨 음식을 먹었는지, 무슨 생각을 하며 어떻게 살았는지, 지향하는 삶은 어떤 색상인지, 먼 나라 사람들처럼 무덤덤한 상황에까지 이르렀다.

삶의 리모델링이 시급한 상태였다.

이 형태의 생활이 지속되다가는 한 지붕 밑에 기거하는 '동거인'같은 느낌에서 벗어날 수 없었다. 망설임 끝에 그 사람과 함께할 수 있는 취미를 만들자며 골프 아카데미에 가입해 레슨을 받았다.

그러나 비싼 골프화와 복장에도 불구하고 3개월 정도도 견딜 수가 없었다. '이 시간이면 많은 책을 읽을 텐데, 의미 있는 글을 쓸 수 있을 텐데' 하며 갈등하다 보니 연습에 깊이 몰입될 수가 없었다.

방황 끝에 소용돌이 속에서 발견한 소박한 실천 하나 - 그 사람과 나는 '하루하루의 안녕'을 비는 마음으로 아침 출근 직전에 커피를 마시고 있다. 저녁 10시 30분이 되면 '하루를 확인' 하는 입장에서 하던 일을 멈추고 산책길에 나선다.

목적지가 투명하게 설정된 곳으로 핸들을 돌리며 '의미 있는 나들이'를 하기 위해, 터널 속에서 숨이 막힐 때 'U턴하지 못하는 삶'에 회의를 느끼지 않기 위해, 일주일에 '네 번씩 돼지갈비'를 먹지 않기 위해, 서로의 존재감을 의식하며 밤하늘을 바라본다.

서울 밤거리에 깔려 있는 갖가지의 불빛과 치열하게 교류하며 조촐한 대화를 나누고 있다.

29년 전, 그 사람 등에 업혀 남춘천 둑길을 가던 그 느낌은 찾을 수 없더라도….

안식을 모르는 영혼

바람아!
그대야말로 내 무의식의 에너지를, 내 열정의 골수를, 내 중심의 사모를, 끝이 없는 기도를 바쳐야 할 대상이다. 나는 그대의 붉은 입술과 숨어 우는 비애와 광채 나는 위선과 함께 가야 할 대상이다.

바람아!
나는 땅위의 모든 것과 하늘 아래 모든 것을 향해 줄달음쳐 왔다.
붉은 인내와 푸른 열정으로 '모양새'를 이루었고, 그 비전을 내려놓지 않으려고 폭풍 같은 시간들을 헤엄쳐 왔다.

생(生)은 눈 먼 장님에 불과하기 때문일까.
그러나 무의식의 기도를 통해, 무의식의 열정을 통해, 하늘에서 무리들이 덜컥 내려오더니, "기도하며 진땀을 닦는 영혼아, 내가 당신을 구하러 왔소"라는 한마디에, "옳거니" 하며 처연한 내 영혼은 무릎을 내리쳤다.
정녕 그곳에 자물쇠가 있었구나. 점점 더 높이, 점점 더 맑게, 하늘과 땅을 왕래하는 진리 중의 진리가 숨어 있었구나.
하늘과 바다를 사로잡는 그 기도가 있었구나.

긴 우울 속에서.
긴 고독 속에서.
처절한 사슬의 해방, 그 아이러니한 영혼의 해방을 위하여.

바람아!

명상을 통한 비장(悲壯)한 점검

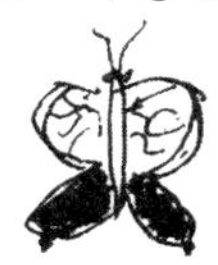

송구영신 예배를 드리고 왔지만 마음이 씁쓸하다.

글을 쓴다는 이유로 세속적인 생활에 집착한 자신을 볼 때 십자가를 쳐다 볼 수가 없다.

지금 나에겐 기도 제목이 한두 가지가 아니다. 글 쓰는 사람이기 이전에 가정의 아내와 어머니로서 내 자리가 많이 무겁다. 남편 직장의 안녕을 비롯해 큰딸의 태기문제, 둘째딸의 혼기문제, 셋째딸의 취직문제, 넷째아들의 진학문제, 남편과 나의 건강문제, 주변 사람들의 안녕들….

기도생활을 참신하게 했을 때는 평강을 누릴 수 있었다. 그런데 오늘 목욕재계하는 마음으로 식구들과 교회에 갔지만, 이방인이란 생각에 시달리며 마음이 괴로웠다.

무엇이 신앙생활을 방해하고 있을까. 밤이 깊어가지만 이름 모를 사슬의 정체를 더듬으며 비장한 점검을 해본다. 그러나 세속의 욕망을 하수구 속으로 던지지 않는 이상 정체 모를 사슬에서 벗어날 수 없음을 느낀다. 글 쓰는 사람으로서 전진할 것인가 퇴보할 것인가 갈등하는 이상 정녕 그 사슬에서 벗어날 수가 없다.

언젠가 목사님이 구역예배 시간에 글을 쓰는 사람과 철학하는 사람은 의식이 강해 신앙적인 얘기 소통이 어렵다고 했다. 설교할 때 정신적, 영적으로 많이 부딪친다는 것이다.

순간 성(性)에세이를 단행본으로 발간하고 인터넷에 들어가 블로그만 클릭해도 '섹스는 남사당패들의 곡예행위'니, '자궁의 비밀' 하며 성(性)에 대한 작품들이 돌아다니는 형편이니, 나로서는 고개를 푹 숙일 수밖에 없다.

오천 원짜리 글을 쓰면서 십만 원짜리 소중함을 잃어가는 것일까.

하지만 이것도 호흡인데 별수 없지 않은가. 동굴 같은 가슴에 혼탁한 영혼이 잠들어 있다고 해도, 현실과 이상(理想)이 뒤엉켜 쿵쿵 뛰는 심장을 겨냥한다 해도, 글을 쓰는 과정을 구원이라 생각하며 묵묵히 앞을 향해 걸어갈 수밖에 없다.

세속의 영혼과 신성의 영혼!

세속의 영혼이 신성의 영혼을 갉아먹는다 해도, 체념할 것인가 실현할 것인가 서성이는 길목에서 두 영혼은 경기장에서 치열하게 춤을 추며 물러나질 않는다.

사슬로부터 자유롭지 못한 영혼도 기도를 할 수 있을까. 진정 기도의 상납이 순조로울까. 모든 것은 양심의 문제 - 신앙적인 글을 쓰지 못하는 나는 두 어깨에 무거운 물통을 짊어지고 끙끙 거릴 수밖에 없다.

나도 눅눅한 영혼이 되고 싶진 않다. 신실한 영혼이 없는 곳은 그 어디나 무덤과 다를 바가 없어서다.

세속의 세계가 신성의 세계보다 강력함을 느껴본다.

세속이라는 실체가 투명한 햇빛까지 집어삼키고 있으니, 햇살도 피곤한지 수평선 노을빛 속으로 잠식해 버린다. 오직 세속에 몰두하는 오만한 실체가 자기만족에 배를 두드리며 용트림을 한다. 순풍과 역풍을 가릴 수 없는 장님처럼 오아시스도 없는 사막에서 진땀을 닦아낸다.

새벽 3시 - 잠깐 깊은 잠이 들었다.

꿈속에서 낭떠러지로 떨어지는 순간 나는 무의식까지도 칼질해보았다. 분명 그 행위는 회개를 통해 거듭난 괴테의 '파우스트' - 그 작품의 여주인공 그레체헨의 모습과 다르지 않았다. 그러기에 무의식의 귀퉁이까지도 피를 흘리긴 했지만 촘촘히 살폈더니 심한 상처는 아니었다.

모험을 두려워하지 않는 자 - 진정 그 과정에서 삶의 정답이 나올 수 있을까.

내 나이 22살 되던 해인가 보다.

오랜만에 고향집으로 다니러 간 나는 몇몇의 동창들을 만날 수 있었다.

우리는 밤이 어둑해지자 그날 밤 새 집으로 이사를 간 친구의 집을 방문해 보기로 했다. 문제는 우리 집과는 거리가 먼 동네였지만 캄캄한 밤에 앞장서서 그 집으로 달려가다가, 우물 공사 하는 줄도 모르고 20미터 지하 속으로 추락한 적이 있었다.

가마니 조각들로 공사장 주변이 가려져서 그랬고, 사전에 지형 정찰을 하지 않아 공사하는 줄을 몰랐기 때문에 사고가 발생했다. 캄캄한 밤이기도 했지만 과욕과 신중하지 못한 행동, 가마니와 멍석으로 가려진 묘한 평지에 안

심해서 뜻밖의 불상사가 일어났다.

돌을 깨는 작업을 하던 지하 속에는 허름한 가마니가 툭툭 덮어져 있어 다행이었지만, 한 발 차이로 뒤따라오던 친구들은 눈앞에 벌어진 사건 때문에 경악을 금치 못했다. 순간 재빨리 덩치 큰 친구 한 명이 주변에서 횃불과 밧줄을 구해 우물 속으로 내려와 나를 구출했지만, 목적지에 도착해서도 타박상으로 인해 그들과 함께 '미나토 놀이'도 하지 못했다.

그때 그 시절 - 그 실수는 무지(無知)가 빚어낸 산물이 아니고 무엇일까. 그렇다면 지금 이 순간 또 하나의 무지는 어디를 향해 달음질치고 있는가.

슬픔, 그 사치스러운 환상

혼자서 외출을 하고 싶을 때가 있다.

자아(自我)를 반사해보기 위한 의도적인 외출이다. 이때 고독은 나를 나 이상으로 성숙케 하며 살아온 삶을 돌아보게 한다. 현실과는 묘묘하게 절연상태에 빠지게 하고, 산다는 것 자체를 재점검 하게 한다. 야릇한 삶의 모순들 때문에 무의식은 의식을 희롱하며 치열하게 내적 갈등과 씨름하게 한다.

극장으로 발걸음을 옮겨본다. 나와 내가 만나는 순간, 이처럼 투명한 시간, 이처럼 눅눅한 순간은 없기 때문이다. 여주인공 이미지가 너무 좋아, 영화 「데이지」를 선택하여 내 속의 나를 점검하듯 조용하게 관람해 보았다. 하얀 꽃 속에 묻힌 주인공 혜영이를 보았을 때, 나도 모르게 눈물이 흘러내려 스크린이 아른거렸다.

덴마크의 암스테르담 - 화약 냄새 자욱한 영혼과 햇살처럼 따스한 영혼이 운명의 다리를 만들고 있었다. 사랑을 기다리는 화가 - 그녀는 언제나 혼자라고 생각했는데 보이지 않는 곳에서 자신을 지켜주는 사람이 있음을 느끼게 된다.

날마다 같은 시각에 배달되는 데이지 꽃, 그녀는 그 꽃의 주인을 찾아 헤매는데, 어느 날 그녀에게 초상화를 그려달라며 한 남자가 다가왔다.

그 남자는 악의 소굴에 물들어 있는 남자였다.

"하루만 더 일찍 만났더라면…."

처음으로 사람을 죽인 다음날, 남자는 푸념을 토하며 눈부시게 빛나는 화가 혜영이를 멀리서 바라보게 된다. 남자는 자신의 육체와 영혼이 지옥에 있다는 사실도 잊어버리고, 슬프도록 순결해 보이는 아가씨에게 날마다 데이지 꽃을 보내며 마음을 닦는다.

"저렇게 청초할 수만 있다면…."

하얀 데이지 꽃과 혜영이의 조화로움, 나도 탄성이 저

절로 터져 나올 것만 같았다. 정말 다시 태어날 수 있다면 진주빛 같은 데이지로 피어나, 한 세상 소리 없이 살다가고 싶었다.

고등학교 1학년 때인가 보다.

주말이라 시외버스를 타고 어느 극장 앞에 정차한 순간, 차창 사이를 통해서 빨간 추리닝을 입고 정류장에 서 있는 동창생이 내 시야에 들어왔다. 모범생이며 공부도 잘했던 그 친구가 '살인미수'로 소년원에 구속된 상태였는데, 그날이 석방된 날인 것 같았다.

다른 친구들은 출감 후에도 그 친구를 홀대하며 피했으나, 나는 그 친구의 인격을 존중하며 '순간의 실수였다'며 용기를 주었다. 자신의 아버지와 다투던 동네 아저씨를 찾아가 "정의란 무엇인지 아십니까" 하며 아버지 친구에게 흉기를 들이댔던 그 학생의 행동을 이해해 주었다. 친구는 다시 공부를 열심히 하며 바른 길을 걸어가게 되었고, 몇 마디 덕담을 해준 나에게 무척 고마워했다. 그러나 나는 더 이상 그 친구의 친구가 되어줄 수 없었고, 결국은 그 친구에게 쓸쓸함만 남겨주게 되었다.

긴 시간 남몰래 나에 대해 섭섭하게 생각했을지도 모를

친구가 얼마 전 세상을 떠났다는 소식이 바람을 타고 들려왔다.

영화를 보고 있으니 마음이 참으로 이상했다.

나는 때로는 가면을 쓰고 거리를 확보하고 있음을 부인할 수 없었다. 야누스 같은 내 모습은 세상 사람들에게 구토증을 일으키게 할 수도 있겠지만, 영화를 보는 순간은 가면을 만 리나 집어 던진 상태라고 느껴졌다. 언제나 강렬한 햇살 뒤에는 긴 그림자가 서성이듯이, 내 안에는 이따금 나의 힘으로는 조종이 불가능한 '우울의 정체'가 똬리를 틀 때가 있기 때문이다.

극장 안, 영상은 참으로 흰 눈 같이 맑기만 했다.

영화 「데이지」를 보다 보니 맑은 강물에 내 영혼을 투영하고 싶었다. 주인공처럼 이름 모를 화가가 되어 어둠에 떨고 있는 생명 있는 것들을 화폭에 담아내고 싶었다.

나는 삶 같은 삶을 살고 싶었다.

고등학교 2학년 때는 화가를 꿈꾸며 입시준비로 인해 바쁜 와중에도 미술학원에 등록하기도 했다. 부모님이 안정된 직업을 택해야 된다며 미술교육과를 지망하도록 권유했기 때문이다. 그러나 무언가 우왕좌왕, 아무튼 침묵으로 세상을 응시할 수 있는 또 다른 내가 되어, 깊이 있는 인생을 살고 싶었다. 그 당시는 세상 고민을 혼자 짊어진 사람처럼 나의 머리는 감당할 수 없을 만큼 무겁기만 했다.

멍청하게 앉아 영화를 보다 보니 세상에 태어나 내가 있어야 할 곳에 있어주지 못하고, 알맹이 없이 떠도는 부평초가 아닐까 하는 생각으로 인해 많은 잡념이 생겼다.

성에세이 『가면축제』를 출간한 후, 내 마음은 첫 작품집 『콘크리트 속의 여자』를 출간했을 때처럼 입안에 물집이 생기며 방황을 많이 하게 했다. 모든 것이 허허롭게 생각되며 몹시 괴로웠다.

"혼돈을 극복해 낼 수 있을까."

글 같지 않은 글을 쓰면서 영혼이 혼탁해지고, 이미지가 혼탁해지고, 신앙인으로써 힘이 들어 회개를 하고 또 해도, 마음이 가벼워지지 않았다.

나를 위해 기도해 주는 사람들, 무엇보다 우리 구역장님에게 많이 미안했다. 그래서인지 내가 죽으면 차라리 속죄하는 의미에서 데이지 꽃 - 야생화 무덤으로 피어나고 싶었다.

순수한 가슴에 아픔을 선사해 주는 꽃이 될지언정, 양

지 바른 곳에 시종일관 침묵으로 들판을 응시하다 조용히 시들어가고 싶었다.

기다림에 지친 사랑이 되고 비바람이 되어 누군가의 영혼이 조각나더라도, 소담하게 서 있는 데이지 꽃 무덤으로 환생하고 싶었다.

사치스러운 환상을 꿈꾸며 데이지(素菊) 무덤으로 피어나고 싶었다.

장르를 뛰어넘어

- 향나무 한 그루

나무 한 그루가

그 거리에 서서 울고 있다
그 거리에 서서 웃고 있다
도심과 도심 속에 무릎과 관념 내장(內臟)까지도 깊숙이 숨긴 채 그 흔적 그 형상 개미똥 만큼도 드러내지 않고 속으로만 삭히며 울고 있다 검붉은 입술을 앙다문 채 해오라기 형상으로 웃고 있다

한 줌의 영혼으로만 넘실거리고 있다
천 년 가까이 침묵을 등에 업은 채 존재하고 있다 늘 상 햇살 속에 가려진 채 그림자로만 기웃거리고 있는 안개

속의 그 형체 그 냄새 술래들이 다가가면 썰물처럼 도망치고 바람으로만 구름으로만 술렁이고 있다

두 눈을 조용히 감아 환상의 키(key)를 눌러 본다
역시 나는 기억상실자에 불과하다 자색목련이라는 미명 아래 채색된 이름을 번쩍이며 여행가방을 풀어 본 기억이 없다 배시시 눈꼬리를 흘려가며 홀로 서 있는 나무를 흔들어 본 기억이 없다 붉은 정념을 훌훌 풀어 조금만 건드려도 톡톡 터질 것 같은 천 년된 향나무를 끓게 한 기억이 없다

목젖에서 알지 못 할 실체가 밀려오고 있다
붉은 혈관이 요동치고 있다. 유방과 유방 사이에 바스트폰이 터지고 있다 가난한 영혼이 요염한 여신(女神)으로 변신 - 하늘 끝까지 달려갈 채비를 하고 있다 헝클어진 머리카락을 99° 수증기로 풀어가며 바람의 통증을 치료하고 있다 구름의 통증을 치료하고 있다

초록빛 들판에서 금지된 것과 뒹굴고 있는 들짐승 모습이 클로즈업 된다 순수한 열정과 붉은 정열이 도심 속 거리를 응시하며 군화짝 같은 혓바닥을 날름거리고 있다 문어발 같

은 묘묘한 꼬리를 하늘과 땅 사이에 휘두르고 있다
질투와 구속과 의아심으로 변해 버릴 곡예놀이를 하기 위해 공해로 뒤덮인 도심 한가운데 천 년 된 멍석을 깔고 있다
클레오파트라와 살모사도 일등 관객으로 초빙되고 안토니우스와 카이사르도 낡은 벤치에 쭈그리고 앉아 항나무의 헛헛함을 응시하고 있다

무슨 상관이랴
삶은 모험의 강강술래 - 예술의 무대는 아이러니한 춤사위 - 영(靈)적 놀이는 삶의 대 극치 붉은 환상 푸른 환상에 얽매어 죽음을 몰고 올 - 아니 영원을 몰고 올 늘 푸른 연극을 공연해 보자 누런 몸뚱이에 냄새 쾌쾌한 관념을 걸치고 낡은 멍석 위에서 뒹굴어 보자 생의 환영(幻影)을 느끼기 위해 진땀을 닦으며 노래해 보자

바람의 통증이 올인(all in)할 때까지
구름의 통증이 올인(all in)할 때까지

춤추는 강박관념

What shoud I do!

내일까지 당선자 심사평을 쓸 원고 두 편이 곁에서 초조하게 지켜보고 있지만, 도저히 그 원고에 손이 가질 않는다. 일 년 동안 지속해 온 ○○문학의 심사평이지만, 도저히 그 원고에 손이 가질 않는다.

경인년을 맞아 바쁜 원고를 마무리해주는 것이 원칙이나, 무의식 속에서 춤을 추는 강박관념이 나의 생활에 멍울이 되고 있나 보다.

그대의 삶은 그대의 것
굴종의 시궁창에 처박히게 하지 마라

잘 살펴보라, 빠져나갈 길이 있다
어딘가에 빛이 있다

'찰스 부코프스키'의 시(詩)가 아니더라도, '존재'라는 것 - 누가 내가 되어 대신 나를 살아 내겠는가.

자식도, 남편도, 형제도, 스승도, 그 누구도 아니다. 왜 갑자기 춤을 추느냐구? 오늘처럼 마음이 산란한 적은 없기 때문이다. 고무풍선이 되어 하늘을 날아다니다 바람의 압력에 못 이겨 '펑' 하고 터질 것 같은 순간이다. 차라리 터지기라도 한다면 가슴이 그런대로 시원할 것 같다. 그때 헝클어진 풍선조각을 주섬주섬 주워들고 입으로 다시 '푸푸' 불어가며 작은 풍선을 만들어 간다 하더라도….

지금은 아니다. 그동안 마음이 좋지 않아 보이지 않는 그 어떤 것에 매몰되어서 그런지, 글도 되지 않는다. 에너지를 다른 곳에 쓰다 보니, 내가 농사를 지어야 할 시점에 와서는 기름이 떨어져 기계자체가 에러(error)가 생긴다.

그게 삶이라면 그 삶이 싫다.

넓은 바다를 헤엄치는 물고기처럼 한가로움 속에서 '존재감'을 훔쳐보고 싶다.

사람과의 관계 - 가까이 다가가는 게 생각보다 쉽진 않다. 가까울수록 항상 예측불허가 도사리고 있으므로 나는 그 자체가 삶의 시궁창 같다. 그래서 나는 오늘도 조용히 하얀 눈을 바라본다. 이제는 인생을 알 만큼 아는 나이가 되었으므로 그 고독을 즐기는 편이 아름답다. 그런데 온갖 일들로 인해 바쁘다 보면 그 고독을 음미할 겨를이 없다. 고독 속에서 문학적 산란기를 맞이해야 쓰고 싶은 글들이 잉태될 텐데, 그 순간까지도 놓치며 살고 있는 형편이다.

나는 고독을 맛볼 겨를이 없다. 삶에 휘둘림 당해서 헤매다보면 '나'라는 존재는 천리 밖에 내동댕이치게 된다.

이것도 삶인가.

가정 일이든 그 어떤 일이든 기계적으로 진행해나가고 있으니, 내 영혼이 안착될 장소를 모르겠다. 바람에 밀려 어쩔 수 없이 돌아가는 풍차처럼, 고향을 잃어버린 듯 마음 둘 곳이 묘연하기만 하다.

각박해진 세상 - 나는 그 세상을 모르지 않기에 처절하게 고독해지고 싶다. 그 고독이 나의 의식주가 되고, 에너지가 되고, 영원히 멸하지 않을 사랑이 되고, 나를 나이게 하는 촛불이 되고, 포돗빛 와인이 되고, 빛과 그림자가 되길 소망한다.

나는 이 밤 촛불을 켜서 또 하나의 나를 바라본다. 그리고 와인을 마셔본다.

오묘한 분위기 속에서 선명하게 떠오르는 얼굴들을 하나씩 응시해 본다. 무엇보다 가까이 지내던 얼굴들이 우선 떠오른다. 그런데 그 친구들은 나에게서 멀리 떨어져 서성이고 있다.

말없이
다른 사람의 말에 귀를 귀울려
주는 것

그것이야말로
고독한 사람들에게 노래와 같은 위로였고
위안이었다.

「마음은 외로운 사냥꾼」의 작가 '카슨 매커러스'의 노래가 아니더라도, 인생은 고독할 때 그 울음이 꺼욱 꺼욱 광채가 났기 때문일까.

이제 깨닫게 되었다.

그들은 일종의 '미묘한 싸움'을 했던 것일까. 나를 제외한 두 여인은 어느 순간 쓰나미 같으면서도 소리 없는 자세로 분노를 터트렸다. 여자와 여자끼리, 친구와 친구끼리 잡음이 생길 때는 대부분 ○○문제가 끼어있을 때가 분명했다.

"아하 그렇구나."

그러한 계기로 인해 나는 존재에 대해서 조용히 생각해보게 되었다. 참으로 좋은 친구들이었는데, 그래서인지 촛불 아래서 와인 한 병을 남기지 않아도 정신이 투명하다.

투명한 이 순간, 혼자 떠도는 유랑자가 되더라도 나는 그 자체를 사랑한다.

그러나 친구들과 풀기 힘든 매듭을 만들며 살아간다는 것은 나에겐 고독이 아니라, 삶의 시궁창처럼 여겨지기에 마음이 헛헛하다.

What shoud I do!

이관규천(以管窺天)

나 죽어
후생(後生)에서 삶을 이루게 된다면
무엇보다
이름 모를 남자와 짝을 이루게 된다면
진흙 속을 헤집으면서도 연꽃으로 환생 하거나
뙤약볕 속에서라도
생수(生水)를 기다리는 양귀비가
되겠어

찬란했던
전생(前生)의 문화,

그 담보된 형식의 분주함에 고개를 내흔들며
떼배를 타고 무인도로 들어가
갈매기 떼가 축복해주는 혼례식을 치르고
77일 간의 혼례여행을
하겠어

전생(前生)에서의 삶,
그 냄새 독한 흔적들을 씻어내기 위해
면류관 대신 야생화 툭툭 꺾어
족두리를 만들어 쓰고,
순간을 영원으로 몰고 가는 새색시가
되겠어

희디흰 드레스 대신
아이보리 색상의 모시저고리와
감물로 염색된 열두 폭 치마를 걸치고
맨발로 바닷가를 휘휘 돌며
양볼에 석류빛 감도는 초여름 신부가
되겠어

이름 모를 남자 역시
감물로 염색한 바지 적삼을 입게 하고
제우스 버금가는 그 머리에 칡넝쿨로 만든
화관(花冠)을 쓰게 하여
상기된 두 유두(乳頭)에 입맞춤을 퍼 붓도록
하겠어

수염도
야생마처럼 칠 척으로 길러
밀림 속의 원시(原始)를 토하도록 하여
막혔던 오감(五感)과 혈관이 펑 뚫어지도록

하겠어

당신에게 드리는 기도

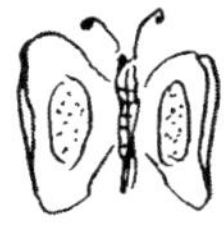

당신은 어떤 빛으로 서 계십니까.
햇빛입니까. 달빛입니까.

희망의 빛입니까.
좌절의 빛입니까.

많은 시간 혼란을 주신 당신, 오랜 시간 나를 시험하신 당신, 그 연단의 끝은 하늘 끝입니까. 땅 끝입니까.

이젠, 나를 건지실 때도 되지 않았습니까. 맑은 물이 되어 골짜기를 흐르게 할 때도 되지 않았습니까.

굽어 살피소서.

한 줄기 빛이 되어 험한 바다를 비춰주십시오.

등대로 서 계셔서 캄캄한 밤에 폭풍우를 헤치며 항해하는 여객선을 지켜주십시오. 침몰의 순간은 '찰나'라고 했습니다. 어둠과 빛의 교차는 '순간'이라고 했습니다. 스위치 하나로 조정할 수 있는 '잔인한 실체'라고 했습니다. 그 짧은 시간이 밤을 낮으로 변화시키고, 낮을 어둠으로 변화시킨다고 했습니다.

선과 악의 거리는 거리가 없기 때문일까요. 빛과 어둠은 공존하기 때문일까요.

당신께서 두 눈 크게 부릅뜨고 나를 지키지 않으시면, 약한 정신은 험한 골짜기를 헤맬 수도 있습니다. 고통과 싸움하며 피를 흘릴 수도 있습니다.

다시 한 번 간구합니다.

나를 햇살이 쏟아지는 들판으로 안내해 주십시오. 혼탁한 영혼이 되지 않게 하시고, 당신을 바라보는 귀한 영혼 되게 하십시오. 무엇이 진리인가를 깨닫게 하시고, 당신만을 바라보는 해맑은 영혼이 되게 하십시오. 세월을 소비하지 않는 강물이 되게 하시고, 늘 푸른 물살이 되어 고기들이 파닥파닥 놀게 하십시오. 무엇이 당신 보시기에 합당한 길인가를 깨닫게 하시고, 진리인 그 길에서 벗어나지 않도록 늘 두 손을 잡아주십시오.

넓은 벌판에서 쉬게 하십시오.

질퍽한 곳은 정신이 차갑답니다. 건조한 사막도 갈증이 심하답니다.

나를 살게 하소서.

죽지 않게 하소서.

영원을 향한 길, 구원을 향한 길을 놓치지 않게 하소서.

무인도(無人島), 그 섬에는 파도가

파도여슬퍼말아라
파도여춤을추어라
끝없는몸부림에파도여파도여서러워마라
솟아라태양아어둠을헤치고찬란한고독을노래하라
빛나라별들아캄캄한밤에도영원한침묵을비춰다오
불어라바람아
드높아라파도여파도여….

– 정훈희, 「무인도」 중에서

가요 「무인도(無人島)」는 나에겐 가슴 벅찬 대형 거울이다. 이 곡에는 패티김의 「빛과 그림자」, 윤심덕의 「사의 찬미」가 내포된 듯하여 그 영혼들이 울부짖는 메시지, 아니면 내가 그 영혼들을 위로하는 관점에서 음미하는 곡이다.

나는 이 가요를 감상할 때면 기쁨과 슬픔, 그에 대응하는 무거운 에너지가 파도처럼 몰아친다. 때로는 고요함 속에서 숨죽여 우는 파도의 춤사위, 때로는 갈매기의 깊은 밀어(密語), 때로는 붉은 햇살의 부르짖음으로 다가와 숨통을 조일 때가 많다.

침묵을 응시하는 별과 달의 배려로 인해 오감(五感)이 전율하기 때문일까.

아니다. 그에 앞서 윤심덕과 김우진의 혼백(魂魄)이 오랜 시간 서성이며 음음음음, 랩송(rhapsong)을 부르고 있기 때문이다.

'무인도'는 그들의 삶을 품고 있는 철학적인 가요로 형상화될 때가 많아, 나는 그 섬 자체를 그들의 혼백의 집으로 여기고 있다.

사랑은나의행복사랑은나의불행사랑하는내마음은
빛과그리고그림자
그대눈동자태양처럼빛날때나는그대의어두운그림자
- 패티김, 「빛과 그림자」 중에서

왠지 가요 「빛과 그림자」는 내 스스로가 그들의 사랑의 과정이라고 설득 당할 때가 많다. 김우진은 사랑의 골수(骨髓)인 빛과 그림자 속에서 괴로워 하다가, 윤심덕에게 「사의 찬미」 가사를 바쳤기 때문이다.

그럼 몽환(夢幻)처럼 흐느끼는 정훈희 「무인도(無人島)」 속에 그 어떤 타당치 못한 얘기를 접목시킬까.

1920년 초반기 극작가 김우진은 가정을 가진 유부남과 유교 집안의 장남으로서, 미혼인 윤심덕과 사랑을 나누기엔 난처한 상황들이 많았다. 관비 유학생인 성악가 윤심덕은 사랑이라는 미명(美名) 아래 자신의 영혼을 김우진에게 맡겼으니, 내가 그들의 사랑을 '무인도'의 웅장한 침묵과 형상화시키며 몰입하다 보니, 그 노래의 맛이 달짝지근하게 되었다.

「빛과 그림자」 - 그 가요 역시 그들의 사랑의 과정으로 다가오며 마침내 「사의 찬미」까지 연결되기 시작했다.

그들의 생(生)에는 천국과 지옥이 공존하고 있어 나에게 삶의 참맛을 안겨준 셈이다. 그들의 삶과 죽음이 뿌연 안개로 변신하여 자연 앞에 서성였기에, 그들은 참사랑이라는 이름으로 '사(死)의 찬미'를 실현하며, '무인도'의 주인공으로 거듭났기 때문이다.

나는 나름대로 그런 공식을 만들어가며 정훈희 「무인도」를 감상하고 있다.

> 광막한광야를달리는인생아너는무엇을찾으러왔느냐
> 이래도한세상저래도한평생돈도명예도사랑도다싫다.
>
> – 윤심덕, 「死의 찬미」 중에서

모든 것엔 흑과 백이 존재한다.

행복과 불행이 존재하고 양과 음이 존재한다. 영원한 사랑과 영원한 행복이 존재 하지 않음을 암시한다. 뮤지컬 「로미오와 줄리엣」에서도 그들의 사랑의 결말을 예견이라도 하는 듯 항상 미모의 무용수 저승사자가 따라다녔던 것처럼….

세상은 이처럼 유동(流動)을 멈추지 않으며 생멸(生滅)을 거듭하고 있다.

그러므로 김우진과 윤심덕은 「사의 찬미」를 통해서 '무인도'의 백사장에서 반짝이는 모래알로, 괴석 틈에서 흐느끼는 파도로, 자신들을 응시하는 회색빛 갈매기로, 검붉은 태양으로, 밀어를 나누는 별빛으로 음음거릴 수밖에 없다.

1926년 그들은 「사의 찬미」를 완성시켜 일본 오사카에서 레코드 취입을 한 후 한국으로 귀국하던 중, 관부연락선상에서 현해탄에 동반투신을 함으로써, 그들의 '死의 찬미'는 거대한 스캔들로 조선반도를 떠들썩하게 했다.

인간은 이처럼 걸어가야 할 길이 불완전함에도 불구하고, 모든 것이 완벽한 것처럼 생각할 때가 많다. 그러다가 불현듯 뒤를 돌아보게 되면 눈 쌓인 들판에 발자국이 화신처럼 새겨져 있어, 다시 한 번 존재감을 검토하기에 이른다.

하지만 모든 사랑은 어느 시점에 가서는 한계점에 봉착(逢着)한다.

김우진과 윤심덕도 한계점을 미학적인 관점에서 처리하기 위해 '빛과 그림자'의 화신들이 될 수밖에 없었고, 참사랑이란 이름으로 찬란한 '죽음'을 실현할 수밖에 없었다.

갈 곳 몰라 방황하던 그 영혼들은 현해탄 물살이 몰아치는 대로 떠다니다가 안식처라고 할 수 있는 이름 모를 '무인도(無人島)'에 정착, 감성이 허약한 자들에게 삶의 색상이라고 제시해주며 그들만의 예술혼(藝術魂)을 남기고 있다.

그들의 영혼은 오늘도 '무인도'에서 바람이 되어 파도를 일으키고 있다.

칠흑 같은 바다 속을 헤치며 새벽이면 붉은 태양으로 솟아나고, 찬란한 고독을 노래하고, 존재를 관념 속에 묻음으로써, '무인도'의 거대한 혼백으로 탄생 되고 있다.

눈으로는 보이지 않는 것, 느낌으로만 접근할 수 있는 것 - 그 모든 것을 아름다움이라고 종결지으며 고통 없는 행복은 행복이 아니라고 제시해 주고 있다.

그로 인해 나는 정훈희 「무인도」에 몰입하여 나만의 감상법을 배운 셈이다.

'무인도' 그 자체가 삶의 뿌리라고 생각하며 그 냄새를 좋아하게 된 것이다. 그 섬에 깔려있는 특유의 에너지와 묘묘한 냄새, 그들의 영혼을 감싸고 있는 붉은 기운과 삶의 철학이 회색과 보라색으로 승화되었으므로, 나는 고독이 힘겨워 몸부림치는 그 섬 - '무인도(無人島)'를 좋아하게 된 것이다.

사랑은 음음 →빛과 그림자 음음 →死의 찬미 음음 → 무인도(無人島) 음음 →★ ☀ ☂ ☃ ☺ ☹ ☯….

나열한 것처럼 그들의 삶과 죽음의 과정은 내가 숭배하는 과정이기도 하여, 미래의 시간 속에서도 나는 희로애락(喜怒哀樂)이 묻혀있는 '무인도(無人島)'에 깊이 몰입하여, 목청껏 이 가요를 감상할 계획이다.

파도여슬퍼말아라
파도여춤을추어라
끝없는몸부림에파도여파도여서러워마라
솟아라태양아어둠을헤치고찬란한고독을노래하라
빛나라별들아캄캄한밤에도영원한침묵을비춰다오

★ ☀ ☔ ☃ ☺ ☹ ☯….

★ ☀ ☔ ☃ ☺ ☹ ☯….

조용히 기도드리고 싶은 마음이다.

바람 부는 날이면 그곳에 가고 싶다

고향하늘을 바라보면 보랏빛 쓸쓸함이 솟아납니다.

베토벤의 월광 소나타 제1장을 듣는 날이면 가슴속엔 비가 내린답니다. 마음 깊이 묻어둔 고향이기에 언젠가는 돌아가리라는 희망 하나로 살아간다고나 할까요.

고향을 뒤로하고 여객선을 탔던 아픔의 시절을 더듬어 봅니다.

흙냄새를 외면하고 고향을 등졌지만 뒤돌아보면 하얀 종이에는 아무런 그림도 그리지 못했어요. 고향을 밀어낸 경솔함은 공허감과 그리움이라는 형벌만 내려주더군요.

나는 그 형벌이 힘겨워서 치적치적 울기만 했답니다.

언젠가는 그곳으로 돌아가고 싶은 소망 때문에 낡은 일

기장을 뒤척이며 살아왔답니다. 하지만 '타향보다 차가운 고향이 되지 않을까' 두려워지는 것은 무엇 때문일까요?

지난날은 안개 자욱한 슬픔뿐이지만 아름다웠던 20대 초반의 시절과 아픔의 계절은 나에겐 거대한 스승이었다고나 할까요. 어느덧 고향을 떠난 지 긴 기간이 흘렀지만 마음이 우울할 때나 짜증이 날 때도 추억 속에서 소중한 것만을 만지며 객지생활의 어려움을 견디곤 했습니다. 지금 이 시간 긴 편지를 쓰는 것도 고향의 흔적을 주워 모으는 작업이랍니다.

고향은 나에겐 운명처럼 떠나야 했던 미묘한 땅인지도 모릅니다.

하지만 땅 속에 사는 지렁이처럼 긴 세월을 타향에서 보내며 고향을 그리워하는 것은 잘못이 아니잖아요.

이젠 그 땅에 안겨 긴 밤을 쉬면 안 될까요?

그동안 귀향길은 그런대로 놓여있었지만 현실의 상황은 이북 땅처럼 멀기만 했답니다. 눈앞에 파도가 출렁이고 따스한 바람이 한라산을 휘돌았지만 적삼 풀어 안길 수 있는 땅이 아니었답니다. 옛날이나 지금이나 고향의 파도는 여전한데 그 길을 가로막는 철조망은 단단하기만 했답니다.

고향이 그리워질 때면 나는 늘 꿈속을 헤맨답니다. 마음 놓고 쉴 수 있는 땅이 아니라서 숨이 가쁜 것일까요?

선배 중에 교수로 재직하는 분이 계십니다. 친구의 남편이지요. 선배는 아직 50 중반도 되지 않았지만 교직생활을 그만두고 고향으로 내려가겠다고 하더군요. 그 나이가 되면 자녀들의 뒷바라지에도 정신이 없는 시기인데, 고향 바다에 내려가 통나무집을 짓고 해초를 뜯으며 살고 싶다고 하더군요. 무언가 있을 것 같아 어려운 유학생활까지 하며 정상을 향해 땀 흘렸지만 그곳엔 아무것도 없더라는 거예요.

선배의 사치스러움이 실행될 수 없는 푸념이라도 상관없습니다.

인생을 알 것 같은 선배의 여유가 부러워보였고, 고향을 떠난 사람들의 공통된 외로움을 엿볼 수 있어서 좋았답니다. 정신없이 현실 속에서 깔깔 웃어도 고향을 떠난 나그네는 아슬아슬한 연처럼 창공을 휘돌며 외로움에 떤답니다.

몸도 마음도 허기진 지금 나도 고향의 흙냄새, 바다냄새를 마시고 싶습니다. 사랑하는 친구들과 비오는 날 해변에서 조개도 캐고 싶고, 내가 뛰놀았던 환상의 돌담길도 거닐고 싶습니다.

오늘밤 흙집으로 돌아가기 위해 가방을 챙겨도 정낭이 열릴까요?

그동안 불확실한 미래를 걸머지고 얼마나 진저리를 치며 산 줄 아십니까. 언제까지 울고 웃어야 완성된 삶이란 말입니까. 누가 뭐라 해도 인생의 승리자는 고향을 지킨 사람들이랍니다. 흙이 인간의 고향이듯, 나그네의 안식처는 불나방이 넘실대는 돌담집이랍니다.

삶에 지친 이 밤 고향하늘은 맑기만 하군요. 세월이 지날수록 망각도 따라올 줄 알았는데 갈수록 동네어귀가 검붉게 타오르고 있으니 내 병이 짙어지기 때문일까요.

어디선가 파도의 속삭임이 들려옵니다.

짙푸른 파도가 나를 유혹합니다. 넓은 바다 중에서도 유난히 반짝이던 고향바다, 반겨줄 물새가 사라지더라도 가지 않고서는 견디기 힘든 곳이 고향 바다랍니다. 꿈꾸는 곳에 환상이 있듯이, 꿈길을 따라서라도 검붉은 바다로 향해보렵니다. 고향의 산야를 정신없이 뛰어보렵니다. 주인 잃은 집터에 허망한 울음소리 들릴지라도 진득한 흙냄새에 취해보렵니다.

마음껏 뛰놀던 내 작은 바다여!

초원보다 짙푸른 당머리 물살이여!

풋내기 해녀를 품어주지 않고 왜 뭍으로 쫓으셨나요? 이제 긴 방황이 끝났으니 잠수복을 입으면 안 될까요? 소라와 미역을 한 아름 캐서 망사리 가득 담으면 안 될까요? 웃음과 인정이 많던 내 고향, 거대한 일출봉을 눈앞에 두고 나는 늘 행복이 버거웠답니다. 유채꽃으로 물든 짙노란 들판과 사춘기 병을 앓았던 나만의 골방을 잊지 못한답니다. 책보자기를 허리에 차고 고구마껍질을 주워 먹던 헛헛한 거리를 지울 수가 없답니다. 호랑나비와 밀애를 나누던 분꽃 핀 정원, 숨바꼭질을 하며 술래를 아프게 했던 수선스러운 날들을 떨칠 수가 없답니다.

깊어가는 밤, 조용히 두 눈을 감아봅니다.

백중날 저녁이면 요염한 달빛 아래 출렁대던 물살, 구석구석 바스락거리던 사연 많은 별빛들이 하나씩 둘씩 떠오릅니다.

"이생에서 님을 만날 운명이 아니라면, 사랑하는 님을 뵙지 못해 늘 안타까워하는 마음만이라도 갖게 하소서"라고 간구하던 '타고르'의 시 구절도 떠오릅니다.

고향은 나그네에겐 가까우면서도 다가가기 어려운 낯선 땅인지도 모릅니다. 가고 싶어도 쉽게 갈 수 없는 곳이 고향땅인지도 모릅니다. 자신의 뜻대로 살지 못하고 타인의 눈높이에 맞추어 살도록 유도당하는 것이 고향이 주는 메시지 - 님이 주는 메시지인지도 모릅니다.

그러나 바다 건너 날아온 새는 바다를 향해 둥우리를 틀고 고개를 내밉니다. 밤이 깊어가지만 한라산을 가슴에 안고 거리를 해맵니다.

'바람 부는 날이면 그 섬을 향해 달려가라'고 긴 밤을 칭얼대며 바스락거립니다.

해로동혈(偕老同穴)

- 바람에게 띄우는 편지

웬웬 말씀….

자정이 넘은 시간 들이닥치는 시간들을 해부해 봅니다.

10대 후반에는 공부에 대한 스트레스, 20대 초반에는 사랑에 대한 불안감, 결혼한 후부터는 경제적 고통, 30대 후반부터는 금전보다는 명예, 40대 초반부터 명예보다는 글 - 신앙인이 은총을 사모하듯, 글을 쓰는 사람은 글을 씀에서 얻을 수 있는 '정신적 충만감'이 삶의 핵심이 아닌가 합니다.

그러나 현실을 무시할 수가 없어 자녀들은 때로는 무거운 짐인 동시에 환한 불빛이 되었고, 그 사람 역시 포용하지 않으면 안될 만큼 마음 중심에 적지 않은 부분을 차

지하였지요. 근데 오늘따라 마음이 적적하고 그 사람에 대한 사소한 일마저 심한 회의로 다가오니, 이것은 분명 거짓도 위선도 아닌, 그 무엇 때문일까요.

지금도 옆자리에 눕자마자 깊은 잠에 빠져 있는 그 사람이지만, 오늘처럼 마음이 휑한 날은 위로의 한마디가 그리워지는 밤입니다.

그동안 무거운 시간들이 그리 흔하진 않았답니다. 그나마 밝은 모습으로 지낼 수 있었던 것은 퇴근하자마자 까치처럼 재재대는 내 모습 때문이었다면 조소 섞인 웃음이 터질까요. 근데 이 순간 회의의 바람이 몰아치고 있으니, 마땅히 이것마저 내 탓으로 돌려야 되겠지요.

어쨌든 그 사람이 밤낮, 아니 20여 년간 골프에만 몰입하는 것을 바라볼 때, 가끔 두려움이 엄습해 온답니다. 노후에도 가정보다는 그 길로 많이 기울어져, 균형이 어긋난 삶을 살지 않을까 엉뚱한 생각이 듭니다. 수많은 나날을 몰입하고 10시에 들어와서 "밥 줘" 하고 그러나 씻는 둥 마는 둥 다시 TV를 켜 골프 프로그램만 찾고 있으니, 오늘따라 더욱 삶의 맛이 씀바귀 무침요리 같습니다.

이제 산모 수발도 해야 하는 나에게 축하와 위로보다는

무조건적인 명령, 상상 외로 거칠고 큰 목소리, 모든 것을 자신의 위주로만 풀어가는 그 따뜻한 몰인정에, 웬-수-수-수 하며 지쳐가는 내 모습 역시, 그 사람에게 또한 웬-수-수-수가 되고 있습니다.

하지만 그동안 "호호호호" 나이에 맞지 않는 어리광을 부리며 때로는 그 앞에서 꼭두각시처럼, 긴 세월 탱고춤, 브레이크춤 가리지 않고 잘도 추었지요. 딸아이가 결혼한 지 6년 만에 예쁜 아기를 출산했음에도 그 사람은 축하하며 입은 벌리지만, 사정없이 필드로 달려가야 될 형편이니, 깊은 밤 이 넋두리가 조금은 용서받을 수 있지 않겠습니까.

어쨌든 인생은 풀기 어려운 수수께끼, 그리고 회색빛 파노라마!

'나'라는 여자는 글을 쓴다는 명목으로 잡문에 시달리고, 그 남자는 넓은 들판으로 뛰쳐나가 골프공에 시달리니…. 서로가 누구의 웬수인지 몰라도 암암 고마운 일이긴 하지요. 경제적 여건이 풍족한 것도 아닌데 우리는 서로 게임을 하듯 자신의 삶에는 한 치의 양보도 없이 충실하답니다. 하지만 오늘만큼은 차라리 물과 기름이 되고 싶은 마음입니다. 한 지붕 밑에서 '한 사람'이 아닌, '두 사람'으로 남고 싶은 마음이 불꽃처럼 솟아오릅니다.

바보 같은 사람, 꿈속에서도 꿈자리 사납게 앙앙대는 나의 모습이 보이지 않는지, 드르렁거리는 그 소리가 크기도 하네요. 그래도 매력 있는 반쪽이 되려고 노력했는데, 분명 웬수 소리가 흘러나오고 있으니 웬 말입니까. 그 전에는 어쩌다 이런 상황이 닥쳐도 내가 침대 속으로 들어가 융통성 없는 그 남자의 손을 먼저 잡고 '하나'가 되길 원했지만, 오늘은 그 전과 다른 것 같아 나도 나를 두려워하고 있습니다.

삶에서 삶 사이 그 깊은 강 - 이 회색빛 헛헛함을 무엇으로 메울까요.

물과 기름이 되긴 싫은데 어떡하면 좋을까요. 허공에 오열의 순간을 토하다 보면 퀭한 마음이 회복될까요. 그러나 어떡하죠. 오늘밤 넋두리가 문학과는 거리가 멀지라도, 이처럼 진지한 편지가 어디 있습니까. 무엇보다 이 순간 그 사람에게 이러한 방법으로라도 마음을 전하며 지금의 삶을 리모델링하지 않으면, 우리의 삶에 '무덤덤한 괴물들'이 똬리를 틀 것 같기 때문입니다.

그러나 다시 한 번 이 순간 이 혼란이 나의 모습임을 고백합니다. 한 지붕 밑에 살면서도 한 쌍이 반쪽으로 나눠져 침실을 따로 쓴다는 어느 친구의 이야기를 이해할 것 같습니다. 차라리 이 밤은 괭이갈매기가 꺼욱 대는 무인도에 들어가 미지의 순간들과 고요하게 대응하고 싶습니다.

그러나 그 사람과 웬수 아닌 채 살았던 시간이 더 많았으므로, 이 순간 행여 푸시시 깨어 실눈으로라도 "당신 아직도 안 자?" 하고 매정한 손을 내민다면, 설익은 나의 분노는 눈 녹듯 증발되고 말겠지요.

그 사람은 나의 운명, 나는 그 사람의 운명임을 모르지 않으므로….

세상에 괜히 왔다 갈 것인가

겨울을 뚫고 나와 기지개를 켠 목련이 봄을 터트리고 있었다.

햇살이 내려앉은 목련의 자태는 눈이 부시도록 매혹적이다. 자색목력과 백색목련으로 뒤덮인 이웃집 울타리는 무릉도원과 다를 바 없었다. 그러나 며칠이 지나자 꽃잎은 추하도록 벌어지며 눈물을 뚝뚝 흘리고 있었다. 아름다움과 추함의 극치를 한 몸에 안은 채 절망하고 있었다.

목련의 아름다움을 사랑했던 나는 깊은 회의감에 사로잡혀 몹시 우울했다. 삶을 통해 엮어지는 희로애락의 필름들이 갖가지 모습으로 현상되기 시작했다.

그 후, 아이러니한 문제에 휩싸여 울적해 하다가 마음

의 패턴을 전환시켜 갔다.

보이는 삶보다 보이지 않는 삶에 그 가치를 두기로 했다. 외부적인 아름다움보다 내부에 잠재된 진실과 향기, 배려와 인내라는 단어를 사랑하기로 했다. 화려한 앞모습을 지향하는 것보다, 초라하더라도 의미 있는 뒷모습을 염원하기로 했다.

사람은 누구든지 자신의 겉모습에 신경을 많이 쓴다.

그동안 나도 앞모습 가꾸기에 땀을 흘리며 살아온 것이 사실이다. 현실의 욕망은 치열했으므로 갈등과 갈증의 바다에서 빠져 나올 수가 없었다. 밤바다의 등대를 보고도 감사할 줄 몰랐으며, 단단한 암초도 아랑곳하지 않고 항해하기만 했다. 위선과 아집이 가득 찼으므로 세상을 긍정적으로 바라볼 수가 없었다. 자아 속에 자아가 무수히 많아 타인이 들어와 쉴 곳이 없었다.

고인이 된 중광스님과 천상병 시인을 떠올려 본다.

이 분들을 통해 긍정과 부정의 의미를 더듬어 본다. '세상에 괜히 왔다 간다'는 중광스님과 '세상에 잠시 나들이 왔다 간다'는 천상병 시인, 이들은 내면세계를 통찰했던 사람들이므로 남기고 간 흔적은 그 의미가 적지 않다. 하지만 긍정적인 마음으로 세상을 바라본 천상병 시인과 부정적인 시각으로 세상에 역류한 중광스님은 각자 짊어졌던 '삶의 무게', - '고통의 무게'가 서로 달랐으리라 생각된다.

이것으로 볼 때 세상의 모든 것은 마음 안에 달려 있는 것 같다.

어려움 속에서도 긍정적인 가슴, 건강하다는 것만으로도 감사해 하는 마음, 복잡한 상황 속에서도 목표의식을 갖고 전진할 수만 있다면, 주어지는 순간을 최후의 하루만큼 소중하게 여길 수만 있다면, 향기 괸 뒷모습을 기대할 수 있지 않을까. '자신만의 신화'를 설정해 놓고 조심스럽게 좇아갈 수만 있다면, 목련의 최후를 보더라도 그윽한 눈빛으로 감싸 안을 수 있지 않을까.

곳곳마다 황사현상으로 인해 삶의 현장들이 요란한 세상이지만, 보이지 않는 곳에서는 고귀한 손길들이 이웃의 눈물을 닦아주는 손수건이 되고 있다.

나도 비포장도로를 거닐며 뒷모습이 아름다운 여인으로 살고 싶은 순간이다.

행복에 관한 엄숙한 명상

마음이 차돌처럼 무거울 때가 있다.

뚜렷한 이유도 없이 무엇엔가 쫓기는 사람처럼 불안감 때문에 서성일 때가 있다. 이것은 경제적인 문제와도 거리가 멀고 부부 간에 갈등이 있어서도 아니다. 경제적인 문제는 요소요소 지출을 줄이고 마음을 비운 채 눈높이를 낮게 가지면 문제를 막을 수 있고, 부부 간의 갈등도 집안에서 자신이 어떻게 대처 하느냐에 따라 해결이 된다.

그러나 집안 분위기가 그 누구의 건강 문제로 인해 주변을 억압하게 되면 마음은 차돌처럼 무겁게 된다. 이것으로 볼 때 행복의 일차적 기준은 집안의 화기애애한 분위기에 있음을 느껴본다. 어머니로서 여자로서 나름대로 자아실현을 하며 살아가더라도, 마음에 평온을 가져다 줄 수 있는 일차적 조건은 가족의 싱그러움이다.

복잡한 의식 안에서 갈등하고 극복하며 살아가더라도 가족들의 안녕과 건강, 그들을 뒷받침 해줄 수 있는 내 자신의 건강만 허락된다면 삶을 무난히 항해하는 데 별 문제가 없다.

이처럼 내가 지향하는 행복의 세계만큼은 무언가 비범한 것이 있을 것 같았지만, 냉정하게 생각해 보면 그와는 거리가 멀다. 내가 주인이 되어 존재하는 세상이지만, 눈앞에 펼쳐지는 삶은 숙명적으로 나는 나의 삶의 주인이 아니기에 보편적인 행복론에서 벗어날 수가 없다. 나만을 위한 삶보다는 내가 속해 있는 주변 - 평범한 것, 피상적인 것에서 벗어날 수 없음을 체험했기 때문이다.

행복은 한 편으론 원대한 곳에서 갈망하는 특유의 형체일 수도 있으나 얼마 전 가족의 입원사실로 인해 행복의 개념이 조금씩 변색됨을 느낀다. 삶 자체가 고통에서 벗어날 수 없어 행복이라는 개념도 결국은 빛처럼 다가오는 '고통 속의 짧은 환희'임을 깨닫게 되었다.

초조한 마음으로 숨을 죽이던 순간 가족이 회복되어 가

는 모습 - 그 싱그럽고 발랄한 모습을 보았을 때, 행복관은 아주 작은 '보편성'에 숨어 있었음을 실감했다.

그동안 나는 무언가 행복이 있을 것 같아 그 뒤를 좇아갔지만 그것은 의식의 소용돌이와 '그림자밟기놀이'와 다르지 않았다. 행복이라는 괴물은 고통 속에서 소용돌이치다가 짧은 순간 살짝 내보이는 무지개처럼, '투명한 환희와 불투명한 희열'의 충돌이기 때문이다.

밤하늘을 헤집고 주변을 밝히는 별빛의 숭고함처럼 고통 속에서 느낄 수 있는 짧은 환희, 그러한 가운데서도 나만의 마음을 나만의 세계로 유도해주는 그 특유의 순간만이 내가 사랑하는 시간이며 내가 추구하는 행복의 색상이다.

존 A. 쉰들러 박사의 행복의 개념이 아니더라도, 행복은 '즐거운 생각을 하고 있는 동안 고요하게 펼쳐지는 마음의 상태'임을 인식하게 되었다.

어떤 상황 속에서도 마음만 편안하다면 그 자체가 행복이지 그 이상도 그 이하도 아님을 깨달았기 때문이다.

해체, 포스트 모더니즘적 춤사위

질주, 하나

혼돈이라는 괴물과 물질문명의 속삭임이 넌지시 눈웃음을 흘리고 있다.

그 웃음 속에는 어딘가 모르게 불안감이 서성대고 있다. 언제 넘어질지 모르는 위험요소가 세상을 노려보며 깔깔거리고 있다. 덩달아 우리의 초상도 고유의 본질을 망각한 채, 초조한 모습으로 유배당하고 있다.

순간, 음미할 수 있는 매콤한 페이소스….

연극「현대인의 슬픈 초상」을 통해 보이체크와 마리를 훔쳐본다. 방향감각을 잃어버린 초상들, 무제한의 속도로 어디론가 질주하던 초상들, 군중 속에 파묻혀 밀물처럼 달려가던 초상들, 뒤따라오던 그림자를 핸드백으로 걷어차며 뒤를 돌아볼 인간미도 상실해버린 초상들, 미래를 예측할 수 없는 불완전함 속에서, 미래를 향해 거침없이 질주하던 초상들을 훔쳐본다.

쫓기듯이 샤워를 끝내고, 허겁지겁 핸드백을 어깨에 걸머진 채, 떠밀려가듯이 액셀러레이터를 밟고 질주하던 초상들, 사랑의 소용돌이 속에서 목젖이 메말라 현기증을 느끼던 초상들을 훔쳐본다.

"널 사랑해. 나를 배신하는 그 잔인함까지도…. 그래 맞아. 내가 널 사랑했던 건, 네가 날 필요로 하지 않았기 때문이야"라고 중얼대던 저 남자, 잠시 신호등 앞에 멈춰서서 낯선 언어들을 더듬어 본다.

불투명한 언어들의 춤사위란 무엇인가.

누군가가 '가면은 인생에서 가장 멋진 파워, 세련미의 극치, 위선 그 자체는 가면을 쓰고 토해낼 수 있는 절정의 유희'라고 하지 않았던가.

질주, 둘

오오, 그렇다.

우리의 길은 서로를 옭아맨 채 뱀처럼 비비 꼬여 있다.

웅덩이에 처절하게 굴복당해 있다. 자취를 감추고 아늑하게 멀어져간 사랑, 그 뒤에 따르는 아이러니한 공허감, 욕망과 결핍, 이 모든 것들이 다중주로 변신, 춤을 추는 무대 위에서 킥킥거리고 있다.

시대의 물살을 타고 떠내려 갈 수밖에 없다.

운명의 개척을 염원하던 군중들까지도, 시대의 중압감과 바겐세일에 휘말려 쫓겨 갈 수밖에 없다. 시대의 공범자들이기에 다큐멘터리의 주인공이 될 수밖에 없다.

연극, 「현대인의 슬픈 초상」에서 보이체크가 떠오른다.

밤낮 없이 일을 하던 허망한 남자 보이체크, 그 남자는 군인으로서 마리와 아이를 위해 고생한 나머지, 자신의 몸마저 인체실험용으로 의사에게 제공할 것을 약속한다. 그러나 그의 아내 마리는 군악대장의 유혹으로 그 남자의 품안에 안겼고, 이를 알게 된 보이체크는 마리를 죽이고 자신도 자살로 인생을 마감한다.

이러한 현상은 연극의 소재만이 아니라, 현대사회에 비일비재하게 일어나는 슬픈 초상이다.

당신과 나는 그러한 시대 속에서 헤엄치고 있다. 익사

의 모험을 두려워하며 지푸라기 같은 정의를 부여잡으려고 각혈을 토하고 있다.

그러니 그 초상들을 위해 제단을 쌓을 수밖에 없다.

모험과 환상, 불안과 미지의 세계를 향해 저주를 퍼부으며, 질주를 중단할 수밖에 없다. 삶의 메뉴가 다양하게 나열된 미묘한 세계를 향해, 얼룩진 초상들이 폭소를 터트리더라도, 두 귀를 막고 페이소스 같은 유혹을 뿌리칠 수밖에 없다.

불면증에 시달리면서도 동참을 외면할 수밖에 없다.

시대의 초상들을 위하여 "파이팅! 파이팅!" 외치며, 레드 와인, 화이트 와인의 축배를 거부할 수밖에 없다. 흑장미 같은 눈빛으로 축배를 들고 있는 연회장에서 미친 듯이 도망칠 수밖에 없다. 시대 앞에서 고통당하는 보이체크의 영혼을 위하여 마리로 환생해 그 남자 앞에 무릎을 꿇을 수밖에 없다.

질주, 셋

현시대의 초상들은 시대의 와중에서 신음하는 희로애락의 산물인가.

하늘 아래 사랑이라는 개념은 존재할 수 없다.

바다 위에 낭만이라는 개념도 존재할 수 없다.

눅눅한 초상들은 그저 그렇게 어디론가 달려갈 뿐이다. 시대의 초상들은 잃고 잃어도, 그 잃음 자체가 삶의 본전임을 자각하고 있으므로….

혼돈에 파묻힌 채 선택의 여지도 없던 초상들, 방향과 목적지가 분명치 않더라도 무지갯빛 그림을 그려야 했으므로, 비명소리가 들려와도 냉혹한 마음으로 질주할 수밖에 없던 초상들. 배고픔이 몰려와도 질주해야 했던 초상들, 싸늘함이 허공을 찌르더라도 탕탕한 웃음을 지으며 군악대장의 유혹에 넘어가야 했던 마리, 그 여자! 그 여자!

보이체크! 마리로 환생해 정중하게 무릎 꿇고 사죄하마. 고통스러워하던 네 영혼은 비애감을 느꼈겠지만 그 환란 때문에 애통해 하지 마라. 모든 것을 용서해야 그때 비로소 불안의 세계, 연옥의 세계에서 빠져 나올 수 있으니까. 그 자체가 하나의 법칙이고 구원일 수 있으니까. 지옥에서 살아남는 방법일 수 있으니까. 천상을 향해 줄달음칠 수 있는 공식일 수 있으니까.

가난한 영혼이여 조용히 두 눈을 감고 넓은 길을 걸어

가라.

정로(正路)를 향해 고함을 지르며 인내의 땀을 닦아보라.

불안감과 분노가 껄껄껄 숨바꼭질 하더라도 선지자의 제사로 인하여 너의 아내 마리는 건강한 초상으로 환원되지 않았는가.

십자가의 우렁찬 그늘 아래서 회개와 죄 사함을 바탕으로 - 보이체스, 너와 함께 구원과 부활, 영원을 꿈꾸고 있으니까.

초경(初經)에 관한 주술적 회고

초승달은 동백꽃처럼 농염하게 고개를 쳐들었다.

13살 된 소녀에게 여자로서의 의미를 깨닫게 하였다. 그러나 요즘은 그믐달의 기로에 서서 순간 열에 시달리기도 하고, 가슴이 쿵쿵 뛰는 증상과 함께 우울증에 전신을 내맡기기도 한다.

최초의 생리는 두려움과 경외의 대상이다.

나도 그때 그 시절 여자가 되었다는 안도감에 가슴이 꽤나 벅차 있었다. 초경이 지닌 카리스마로 인해 묘한 마력을 느낄 수 있었다.

나의 초경은 어머니께서 막냇동생을 분만하는 날 아침에 시작되었다. 그래서인지 최초의 생리는 슬그머니 양면의 얼굴로 다가와 불안감과 흐뭇함 속에서 혼자 속앓이를 하게 했다. 그 당시에는 여성의 생리자체가 성스러운 것 같으면서도 격리의 대상이 되어야 하는 이중성이 있었기에, 나는 그 상황을 누구에게도 말할 수가 없었다.

초경 자체가 거대한 보물 같아 혼자 성스럽게 간직하고 싶기도 했지만, 초자연적 세력의 지배를 받는다는 초경의 정체가 우리 고장에서는 기쁜 일이 있을 때면 상대적으로 재해로 변할 수도 있다는 미신이 있어, 더욱더 숨겼는지도 모른다.

전설 같은 그 얘기는 먼 옛날 원시문화와 고대문화에서도 거론되긴 했다. 1세기 때 로마의 플리니우스는 월경의 붉은 피 때문에 생길 수 있는 재해들을 다음과 같이 묘사했다.

> 그것과 접촉함으로써 새 술이 시어지고, 농작물은 열매를 맺지 못하며, 정원의 종자도 마르고 나무의 과실들은 떨어진다. 강철의 날과 상아의 빛도 무디어지며 지독한 냄새가 공기를 채운다. 그것은 맛본 개들은 미치게 되며, 사람이 그 개에 물리게 되면 불치의 병에 감염된다.

플리니우스의 주장에 의하면 월경의 실체는 무서운 성역(聖域)이 아닐 수 없다. 무시무시한 성역의 붉은 피 - 이것이 여자의 생리 현상이다. 이러한 성역의 범주였기에 첫 월경의 시작은 어린 나에게도 가슴이 뛰지 않을 수 없었다.

그러나 원초적으로 여자가 되었다는 야릇한 느낌, 남자와 교접했을 때 아기가 잉태될 수 있다는 모성애 감정, 남자의 정액 냄새를 끌어들일 수 있는 묘한 상상들이 나를 훌쩍 어른의 감정으로 변화시켜 갔다.

나는 맏딸이다.

초경을 하는 몸으로 산모인 어머니에게 메밀수제비를 끓여드리고, 피 묻은 뒤처리를 하기 위해 빨랫감을 짊어지고 바닷가로 나갔다. 그 작은 손으로 빨래를 했지만, 붉은 선지덩어리 같은 산모의 빨랫감은 소름이 끼칠 정도로 으스스 하였다.

조그만 고기들이 핏덩이를 쪼아 먹으려고 와르르하게 몰려들었다. 순간 나는 고기들의 생명력과 그 앙큼스러움 속에서도 묘하게 희열을 느낄 수 있었다.

그날따라 밭에도 유채가 무르익어 탁탁 벌어지고 있었다.

여러 가지 상황으로 그날은 학교에 갈 수 없었지만, 초경의 행복함으로 인해 전혀 아랑곳하지 않았다.

오후에는 동네 아주머니를 찾아가 집안의 사정을 얘기했다. 어머니의 분만사실을 듣고 난 아주머니는 두 말도 하지 않고 나를 데리고 유채밭으로 나갔다. 둘이서 땀을 흘리며 별과 달이 보일 때까지 밭일을 하고 돌아와 보니, 산모임에도 어머니는 부엌에서 간신히 저녁준비를 하고 계셨다.

그 순간까지도 나는 두렵고 조심스러워 초경의 사실을 누구에게도 알리지 않고 개울가로 나갔다. 뽀얀 나체를 서서히 물에 담그며 혼자 목욕을 할 뿐이었다. 별빛과 달빛도 침묵으로 움터 오르는 몸뚱이를 애무하며 성장 과정을 축하해 주었다.

내 생애의 클라이맥스 - 일생을 통해서 그 순간처럼 행복했던 기억은 없던 것 같다.

그 후부터 어머니가 아기를 데리고 마실을 가버리면 장롱 속을 뒤엎어 어머니 한복을 찾아내 입어보기도 하고, 목련 봉오리처럼 터지기 시작한 젖가슴이 어쩐지 빈약해 보여

곰팡이 쓴 찐빵이라도 마루구석에 뒹굴고 있으면, 가슴 위에 한 개씩 턱턱 얹어 넣어 고무줄로 동여매곤 했다.

찐빵을 얹어 놓은 가슴은 영락없는 숙녀였다.

나는 그 당시 초등학교 6학년 - 13살이었다. 그러던 어느 날 어머니의 화장품을 뒤지기 시작했다. 뽀얗게 화장을 하고 거울을 물끄러미 바라보았다. 새까맣게 탄 얼굴에 덕지덕지 펴 바른 화운데이션이 나를 농염한 여인으로 분장시켜 주었다.

시간이 지나가도 그 화장이 아까워 쉽게 씻어버릴 수가 없었다. 마을 사람에게 들키지 않도록 고개를 푹 숙이고 200미터 거리에 있는 할머니 댁으로 재빠르게 뛰어갔다 뛰어왔다 하며 과감한 연출을 시도했다. 위대한 초경으로 인해 줄줄이 사탕처럼 행해진 호기심과 그 어른스러움에 별빛과 달빛도 "저런 쯔쯔" 하며 염려했을지도 모를 일이다.

청초했던 시간은 빛살같이 지나간다.

인기척도 없이 다가온 폐경, 그믐달의 잔인함 속에서도 첫 월경의 순간을 헤아리다 보면 여전히 동백꽃 같은 피 냄새가 농염하게 코를 찌른다.

3. 미스 & 의식

등 대

설령, 이것이 이 세상 마지막 인사가 될지라도 사랑하였으므로 행복하였노라.

시인 유치환이 시조 시인 이영도에게 보낸 「행복」이라는 글의 일부분이다. 윤재천 선생은 『문학예술』(1990)에서 이들의 사랑을 '천년 싱싱할 수 있는 사랑'이라고 했다.

오면 민망하고 아니 오면 서글프고
행여나 그 음성 귀 기우려 기다리며
때로는 온종일 두고 바라기도 하니라.

이영도의 「무제」의 시조이다.

시조의 분위기는 다르지만 고시조의 꽃이 황진이라면, 현시조의 꽃은 이영도라고 할 수 있다.

이영도의 정신세계는 그녀 자신의 시조처럼 고혹적이고 아름다웠다. 유치환이 교통사고로 세상을 떠난 지 얼마 되지 않아 그녀도 세상을 떠났지만, 그녀는 생전에 마음이 넉넉하여 정이 많았다. 격조 높은 시조를 쓰며 목련처럼 살았다. 청마와 시조, 노을빛만을 사랑하며 멋을 알았던 여인이다.

오늘따라 그들의 사랑의 빛깔이 향수처럼 다가오며 갈증을 느끼게 한다. 창 밖에 내리는 빗방울도 그들의 영혼을 헤아리며 파르르 떨고 있다.

이 순간 전파(電波)를 타서라도 갈증을 해갈시켜줄 편안한 친구는 과연 있는가. 영혼의 광장이 되어주고 영혼의 샘물이 되어 줄 연리지(連理枝) 같은 친구가 존재하는가.

긴장된 마음으로 전화버튼을 눌러본다. 수화기 저편에서 그 사람의 음성이 들리고 있다.

"웬일이야, 집에 무슨 일 있어?"

"아니요, 그냥 전화해 보았어요."

"그냥이라고?"

"으응 저 빗소리 때문에… 빗소리가 전화를 하게 했어요."

"그게 무슨 소리야. 빗소리가 왜, 어째서?"

나는 아무 말도 하지 않고 수화기를 내려놓았다. 여운을 깨는 순간을 아쉬워하면서 이전의 순간으로 돌아가길 원했다.

천년 싱싱할 수 있는 사랑, 그것은 사랑받기에 앞서 조건 없이 사랑할 수 있는 마음가짐일지도 모른다. 이영도는 안개 속에 가려진 채 오묘함에 이끌려 유치환을 사랑했는지도 모른다. 전생(前生)과 금생(今生), 후생(後生)에서까지도 비익조(比翼鳥)가 되어 그들의 영혼은 천상(天上)을 날아다니고 있을지도 모른다.

유치환은 거제도 출신이다. 섬 학교 교감과 여교사와의 사랑, 그들의 연민의 바퀴에서는 해초냄새가 난다. 6~70년대의 흑백영화를 연상하게 한다. 그들이 빚어놓은 사랑의 휘장은 구름 위를 날아다니다 비가 되고 눈이 되며 빈 가슴을 적셔주고 있다.

이별의 아픔을 승화시킨 「새벽달」이라는 그녀의 시조를

보면, 슬픔으로 헝클어진 그 당시 여성들의 연애관이 엿보인다.

사랑은 영혼의 가냘픈 몸짓이다. 하지만 영혼을 감싸 안아야 할 인내의 두 날개는 생각보다 나약하다. 어지러운 세상에서 자신도 모르는 사이에 방종의 길로 치달아 고유의 빛까지 상실하게 되면 서로가 삶의 허상을 붙잡고 살아갈 수밖에 없다. 이것으로 볼 때 사랑을 추구하는 사람들은 사랑의 종말까지도 감수할 수 있어야 하고, 아린 고독까지도 견뎌낼 수 있을 때 완성된 사랑이다.

사랑에는 인내의 한계도 없고 신뢰의 끝도 없다.

낙엽처럼 쓸쓸하더라도 침묵 속에서 흐르는 대화가 한국인의 정서에 맞는 사랑법이다. 이기적이지 않고 주어진 여건에 적응해 나갈 때 내면세계가 풍요롭다. 절벽 같은 어려움이 오더라도 오뚝이처럼 흔들이지 않고 마음을 붙잡고 걸어갈 때 그 묘미는 배가된다.

사랑의 힘은 아침햇살처럼 온유하다.

어려움을 헤쳐 나가게 하는 등대라고나 할까. 모든 일에 용기를 불어 넣어 주는 밀실이기도 하고, 한편으론 희망의 담보가 되어주며 진실을 배우게도 한다. 때론 피곤함을 풀어주는 안식처가 되기도 하고, 우리를 존재하게 하는 오묘한 힘도 지녔다.

긴장된 삶은 생활의 활력소가 된다.

남과 여는 의식적으로 마음의 무장을 하며 주어진 삶을 가꿔가야 한다. 정신적인 나체가 되어 서로를 응시해야 한다.

한 잔의 커피에서도 서로의 컨디션을 훔칠 수 있는 성의와 재치가 필요하다.

'고인 물은 썩는다'는 말에 자극을 받아가며 정신 정화를 위해 노력하는 남과 여는 신선하기 때문이다. 절대자인 신도 인간에게 사랑을 가르쳤고, 문학도 인간의 사랑을 묘사하기 위해 존재하기 때문이다. 괴테의 『파우스트』에서도 주인공 파우스트가 60평생 학문에 몰두했지만, 그레트헨과의 사랑을 강조했던 것처럼, 인생의 궁극적인 목표는 사랑이다.

'아픔을 느낄 때까지 사랑하고 아픔이 멎을 때까지 사랑하라'는 말이 있다.

서로가 떨어져 있어도 늘 그 안에 있으며, 침묵하지만 많은 언어가 흐르고, 자유를 주지만 구속에서 벗어날 수 없는 것이 사랑이다.

유치환이 세상을 떠난 후, 이영도는 유치환과 여러 여인들의 모호한 편지로 인해 상처를 받기도 했지만, 그들은 가난한 마음에 양분을 주며 영혼의 공허까지도 채워주던 연인임엔 틀림없다.

그들의 인연은 보랏빛 중의 보랏빛 - 서로의 운명에서 제외시킬 수 없는 '만남 중의 만남'이다.

빗소리도 춤을 추며 탄력이 붙기 시작한다.

콘크리트 속의 여자

선풍기 두 대로 체온을 식히며 하늘을 바라본다.

플라타너스도 갈증에 시달리는지 시름시름 앓고 있다. 뙤약볕에 시달려 지쳐가고 있으니 사방은 후덥지근하다. 드높은 하늘을 쳐다보기엔 아직도 해야 할 일이 많은 나, 묶어 놓은 의식은 현실의 끈에서 벗어나지 못하고 있다. 온갖 소음이 나를 혼란시키고 어항 속 금붕어까지도 파닥거리며 자유를 호소한다.

섬으로 떠난 친구가 떠오른다.

그녀는 무슨 상념으로 찬란한 공허들을 다스리고 있을까. 시대를 앞서 사는 그녀의 사람은 내면이 풍부한 인텔리임에 분명한 것일까. 삶 같은 삶을 모르지 않으며 그 지혜로움이 생활에 탄력을 준다는 의미를 알고 있는 사람일까.

나의 남자에게도 삶의 틀을 조금 바꿀 수 있는 세련미가 있지 않을까.

현실과 불협화음을 이루는 나의 영혼. 이 현상은 누구에게도 이해받지 못할 나만의 모순일까. 아니면 한여름의 더위 탓일까. 검푸른 바다로 치닫고 싶어도 밧줄로 동여맨 현실, 백지 위에 새겨진 삶의 흔적들은 수정액으론 지울 수 없는 문신 같은 것이므로, 깊은 바다를 헤아리는 존재는 아무도 없다.

심한 갈증, 이것은 유행어처럼 값싼 반란은 아니다.

콘크리트 벽을 부수고 나갈 만큼 법도를 초월한 자유를 원하진 않는다. 콘크리트 속에서 세상을 내다보는 자유가 존재할 뿐, 규제된 자유와 질서를 파괴하지 않는 자유, 생명을 지탱시키는 자유를 외면할 용기가 내게는 없다. 불나비의 형상으로 반란에 휩싸일 이유가 없기 때문이다. 오직 삶의 실체가 땀이 나고 현실이 숨 막혀 더위 자체를 감당 못하는 탓이다.

파리에서 죄수가 여자로 분장하여 탈옥한 일이 있었다.

죄수는 완벽한 여자의 모습이었으나, 샹젤리제 거리의 한복판에서 분장 이전의 탈옥 때보다 더 빨리 체포되고 만다. 패션 상가가 즐비한 번화가를 의식 없이 지나쳤기 때문이다.

형태는 여성이지만 무의식 속의 본질은 남성에서 벗어날 수 없었다. 본질을 거부했지만 본질 그 자체를 속일 수는 없었다. 인간의 나약함과 위장의 한계를 보여주고 있었다. 자기를 거부하는 삶은 가면놀이로 끝이 났으며 그 결과는 파멸을 몰고 왔다. 자신의 위치를 의식하지 못하고 정상적인 삶의 틀에서 벗어났을 때 닥치는 위기 현상임을 실감케 했다.

중요한 것은 내면의 의식관이나 삶의 가치관 - 자신이 어떤 의식을 갖고 인생을 살아가느냐에 따라 삶의 모습은 갖가지로 나타난다. 여러 가지 어려움을 긍정적으로 극복하다 보면 콘크리트 속 부자유가 - 참자유가 됨을 알았다.

인간은 주체 의식을 갖고 노력하면 자신이 소망한 대로 변해간다. 놓여 있는 환경이 숨 가빠도 환경의 노예가 되지 않으며 여러 모양의 여건을 초극(超克)할 수 있다. 자아의 중요성을 깨닫게 되고 존재의 실체를 파악하여 원하는 인격체를 디자인하게 된다.

나는 혼란에서 벗어나 본래의 자아를 찾아야함을 알았다.

행복은 늘 마음 안에 존재하고 인생의 승리자는 자신의 영혼을 컨트롤할 수 있을 때 가능하다는 것도 알았다.

하지만 혼자 떠날 수 있는 여행은 전혀 불가능한 것일까.

며칠 간 바다의 수군거림이 그리워진다. 내게 떠남의 의미는 혼자만의 세계에 몰입할 수 있는 시간을 말한다. 무념무상의 상태에서 자신을 돌아보며 방전된 삶을 충전시킬 수 있는 기회를 말한다. 퇴색되어 가는 삶을 싱그럽게 전환시키고 싶은 작은 소망 때문이다.

그동안 나는 현모양처가 최상의 삶이라고 여기며 살아왔지만 갈수록 자신을 알지 못 할 때가 있었다. 왜 살고 있으며 무엇을 추구해야 하는 건지, 삶의 가치는 어디에 있으며 행복의 기준은 어떤 것인지, 인간다운 삶과 주어진 배역은 제대로 해내고 있는지, 종교관과 그 향기는 지탱하고 있는지, 많은 것을 생각하다 보면 자신감이 없어지곤 했다.

이 경망스러움은 그동안 경쟁이나 하듯 살아온 특수 환경 속에서의 삶 때문일까. 팽팽한 삶이 회한의 부스러기가 되어 가슴을 할퀴고 지나가기에, 언뜻 언뜻 그 실체를 훔쳐보는 탓일까.

나는 그동안 개미처럼 살아왔다.

새싹들이 움터오를 때마다 하늘의 구름을 가릴 수 있어서 위로가 되었고, 그 남자가 내 삶의 번쩍이는 감독으로서 주었기에 감사하며 살았다. 인간 냄새를 풍기며 살고 싶었고, 핵가족 시대에 네 그루의 나무를 심었으므로 그 자체를 남모를 희열로 여기며 살아왔다.

그러나 언제부터인가 만족이 존재하지 않음을 알았고 뜻하는 대로 살아갈 수 없음도 알았다. 상식을 초월한 과욕은 정신을 절벽으로 끌고 들어감도 알았고, 무엇으로도 그 수수께끼를 풀 수 없음도 알았으며, 어떤 의욕으로도 다스릴 수 없는 공허의 실체를 알았다.

신(神)의 눈빛으로도 다스릴 수 없는 안개 같은 실체, 이 실체가 숙명처럼 내 곁으로 터벅터벅 걸어온다면, 그 자체가 현대 여인들이 거쳐 가는 심리적 과정이라면, 조용히 초극함까지도 배워야 함을 알았다.

여름의 한복판에서 신선한 바람이 불어온다. 콘크리트 속 내 모습에 감사해 하며 나는 다시 우렁찬 감독의 호각소리에 맞춰 연출을 시도한다.

제주의 여인들

그때는 그랬지.

제주 땅을 지키는 여인은 바닷물처럼 맑아 보였다.

누구를 유린할 생각도 하지 않고 주어진 운명을 탓하지도 않았다. 겹겹이 굽이지는 주름에 고개를 숙일 뿐, 환상적인 의술의 힘도 빌리지 않았다. 5일장이 서는 날이면 축제나 관람회에 가듯, 술렁대는 마음들이 옥양목 같기만 했다.

나는 늘 그곳을 그리워하며 살아간다. 그곳에 가면 외로운 마음이 들 때도 있지만, 제주 특유의 돌담들이 지친 영혼을 위로해 준다.

썰물이 되면 바다로 나가던 기억들이 내 어릴 적 유일한 고향냄새로 남아있다.

까마귀색이 흐르는
잠수복에는
제주 여인의 정신이 보인다

만경창파에 몸을 팔아
괴석을 더듬고
배시시 웃는 전복에 홀려
사름사름 사무침 풀며
골골이 맺힌 삶의 찌꺼기
물골 찾아 떠내려 보낸다

검붉은 물살 후려치며
어허이
어허이
모진 숨 토하고
갓 스물 나이에 세상을 알아
보랏빛, 먹빛 가슴팍에 묻고
오간 데 없이 떠난 낭군
긴긴 세월 알 길 없어
독수공방 서린 한(恨)에 금이 간

수경(水鏡)이 신음한다

소용돌이치며 굽이도는 恨
망사리 가득 눌러 담아
타박타박 걷는 모습은 제주 여인의
무수한 언어다.

요즘은 그들의 대화가 생소할 때도 있지만, 바다냄새를 풍겨주는 향수만으로도 고향을 등진 것이 아플 때가 많다.

어쩌다가 향수병에 걸린 소녀처럼 뭍을 그리워하게 되었을까.

어렸을 적, 마당에 멍석을 깔고 드러누워 북두칠성을 바라보며 여러 가지 상상에 젖어보곤 했다. 백중날이면 마을 앞까지 밀려오는 짜디짠 바닷물이 나를 뭍으로 몰아냈을지도 모르고, 그 물가에 앉아 흐느끼던 도회지 학생들의 비밀스러움이 고향을 등지게 했을지도 모른다.

제주에는 두 가정을 둔 가장들이 있었지만 조강지처는 숙명처럼 묵묵히 살아갔다. 황소처럼 뛰노는 남편을 바라보며 해녀(海女)의 운명으로 저물어갔다.

아들을 선호하는 사회 인식이 여인을 비참하게 만들었

고 가슴앓이 하는 남자들은 술로 순간의 고통을 잊기도 했다. 그 풍습에 젖었던 나도 40중반기인 몇 년 전, 초등학교 입학식에 참석하는 해프닝도 있었다.

어느덧 21세기를 앞둔 제주도에는 많은 변화가 왔다.

문화적인 면과 사회적인 면, 의식적인 면과 경제적인 면으로도 크게 안정되었고, 육지와의 교류도 원활하여 항상 이상향으로 존재하는 고고한 섬이 되었다.

어느 읍에는 여인들의 한숨소리가 창틈을 뚫고 새어 나왔다. 5, 60대 남자들이 방황을 한다는 것이다. 대(代)를 잇기 위한 외풍과는 달리 곱게 살아온 그들에겐 충격이 아닐 수 없었다.

그들의 소용돌이는 어떤 의미가 있었을까.

아내를 벗어나려는 환갑이 가까운 남자들 - 이 현상은 어쩌면 인생 퇴직을 앞두고 존재 자체를 확인해보려는 자기와의 싸움이다. 순간순간 벌어지는 상황을 지켜보며 남편의 마음을 곱게 몰아가는 제주여성은 아름답고 지혜로운 목동들이다.

그러나 그들의 외도는 의미 없는 헤맴이 아니다. 세상과 사람에게서 멀어져가는 묘한 두려움이 잔인한 허무를 몰고 오기 때문이다. 원초적 모습으로 끝없는 백사장을 걸어가는 그 적막함은 무쇠보다도 더한 고독이 되어 그들을 휘감기 때문이다.

남편의 외로움을 다스리는 목동 - 그 고독은 때와 장소를 가리지 않고 우리 남편들까지도 위협하고 있기에 어떤 모습으로 서 있어야 될까.

요즈음 명예퇴직에 시달리는 가장들의 위치를 볼 때 남편들을 어떻게 감싸 안아야 될까.

미국의 작가 나다니엘 호오돈이 갑자기 세일레 세관에서 면직되자 그의 아내는 펜과 백지를 갖다 주었다.

"여보, 걱정하지 마세요. 당신이 마음 놓고 글을 쓸 수 있는 계기가 되어서 다행이잖아요."

아내의 위로에 용기를 얻은 그는 세기의 명작 『주홍글씨』를 탄생시켰다.

그 여인의 넉넉함과 현명함은 남편에게 촉촉한 안식처가 되어 주었고, 현시대의 우리에게도 섬광같이 번쩍이는 지혜를 주고 있다.

남편에게 꿈을 심어주는 정원사, 그것은 제주 여성만의 과제가 아니라 뭍에 사는 우리의 사명이기도 하다.

삶은 고독의 늪이 아니던가.

기다릴 줄 아는 넉넉함 뒤에는 목련 같은 꽃이 핀다. 자녀도 짐스러워하는 노후의 모습을 상상해 볼 때 인간은 고독하지만, 영과 육이 영글어진 부부의 끈끈한 정(情)은 신(神)이 주신 귀한 텃밭이 아닐까.

아내라는 존재는 곤고한 남편을 쉬게 해주는 대지(大地)이기 때문이다.

그리움 하나 가슴에 달고

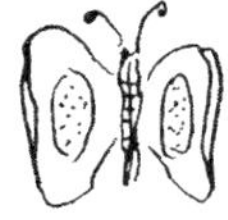

호남선 열차에 앉아 세상을 바라본다.

아버지의 추도일을 기념하기 위해 출발한 여행이다. 가까운 곳에 배설장이 있는지 냄새가 진동한다. 통일호의 부축을 받으며 들판을 달린다. 어린 아들은 무릎 위에서 코를 골고 말똥거리는 나의 의식은 상념에 취해 있다.

멀리 공장 굴뚝 너머로 비구름이 몰려온다.

흙빛 같은 모양새가 세상을 금방 삼킬 것 같다. 캔맥주 주둥이가 립스틱을 묻어내고 복부도 차츰 차오면서 깡통이 가볍다.

저 멀리 천지가 그리움의 뭉치로 피어난다.

갈증 나는 세포 속에 정들이 스며든다. 어렴풋이 취기

가 일면서 붉은 영상들이 떠오른다.

술을 좋아하지 않지만 마시고 싶을 때가 있다. 태양 아래 가슴을 열고 서 있고 싶을 때가 있다. 가면을 내동댕이치고 나를 찾고 싶을 때가 있다. 길들여진 내가 아니라 순수한 물살로 샤워를 하고 싶을 때가 있다.

누가 드넓은 바다에 붉은 파도를 쏟았을까.

소리 없이 타고 있는 장작에 기름을 부었을까. 바둥거리는 애처로움에 깊은 눈길을 보냈을까.

괴여있다.

이름 모를 그리움이 괴어 있다.

괴여있다.

그 실체가 무엇인지 몰라도 다가가면 증발해 버리고, 도망가면 뒤따라오는 정체 모를 그림자가 괴어있다. 장막으로 가려진 세계를 토해내지 못한 채, 뉘앙스에 휩싸여 살게 하는 묘한 실체가 괴여있다.

정신을 가다듬고 철길을 바라본다.

환상 속의 아버지가 철로를 따라온다. 얼마만큼 헤매셨

기에 굵은 땀을 흘리셨을까. 추도일을 기억하셨는지 아침 일찍 서두르셨나 보다. 천국과 지상은 수만 킬로나 되는데 우리의 만남은 찬란한 만남이 아닌가.

아들이 화장실에 가고 싶다고 조르기 시작한다. 아버지의 영혼도 피를 흘리며 치마폭을 붙잡고 있다.

기차도 가지 않으면 안 될 길을 향해 치열하게 달려간다.

왕의 남자, 그리고 그 회귀의 본능

남녀 간의 사랑이 열정적으로 지속되는 기간은 그리 길지 않다고 발표된 바 있다.

불꽃처럼 열정을 뿜어내는 애정의 순간은 약 2년 정도에 불과하다니, 일생을 살아가는 동안 정열적인 이성관계를 가지려면 파트너를 몇 명이나 만나야 인생이 마무리되는 것일까.

그 야비함에 질식해 사람들은 무의식 속의 동성애를 동경하며, 영화를 통해서라도 머리를 식히려는 것이 아닐까. 나 역시 그러한 부류의 영화들이 동성애를 표출하는 작품이라, 기대감을 갖고 극장으로 발길을 돌렸으니 말이다.

영화 「왕의 남자」와 「브로크백 마운틴」은 동성애를 바탕에 깔고 작품을 제작, 관객들을 끌어 모으고 있었다. 두 영화 모두가 동성애인 게이들의 애틋함과 서정성을 담보로 한 영화였다.

「왕의 남자」에서는 광대와 연산군의 '눅눅한 사랑', 광대와 광대의 '운명적인 사랑'에서 삼각관계를 그려내며 동성애적 감정을 아프게 토해냈다.

> 내 어릴 적
> 처음으로 보게 된 남사당패
> 내 무슨 운명인지 그 장단에 반해서 광대가 되었고,
> 광대가 되어서는 어느 광대 놈에게 혼(魂)이 뺏겨 놀다 보니 두 눈이 멀었고,
> 왕의 부름 받아 한양에 와서는 광대 짓에 던져주는 엽전 때문에 두 눈이 멀었다.
> 내 이렇게 눈이 멀고멀다 보니
> 어느 잡놈이
> 그 놈 마음 훔쳐가는 것을 못 보고,
> 그 놈 마음 또한 내게서 멀어져 가는 것을 못 보았으니

위 글은 누군가가 광대 '공길'이를 사랑하는 - 광대 '장생'의 쓸쓸하고 아름다운 영혼의 오열을 그려놓은 부분이다.

이것으로 볼 때 사랑은 수학공식처럼 자리가 정해져 있는 것이 아니라 시공을 초월하여 대책 없이 왔다 갔다 한다. 다가왔던 자리에는 어떤 형태로든 아픔의 가시가 무성하게 돋아나고, 당사자들에겐 고통의 업보가 다가와 감수하기에도 벅찬 '형벌의 꽃'을 터트리게 하며 삶을 농락한다.

그러나 사랑은 자신이 안식할 수 있는 평화로운 대지(大地) 그 대지가 영혼의 초목을 싹트게 하므로, 이성 간의 사랑이든 동성 간의 사랑이든 사랑은 지상에 존재하는 예술품 중 가장 거대한 작품이다.

연산군은 곁에 장녹수가 있음에도 광대 '공길'에게서 또 다른 애정을 느끼게 된다. 삼각관계에 놓인 그들의 동성애적 형태의 사랑은 생각보다 많이 시큼했다.

이성 간에 오고 가는 권태에 지친 달콤함보다, 어떤 면에선 보는 사람의 심장을 후벼놓는 사랑이라 누가 이들의 사랑 형태를 냄새난다 할 수 있을까.

영화「브로크백 마운틴」 역시 여자와 남자의 애정행각이 아닌, 동성애적 작품이다.

'브로크백'에서의 한 토막 추억 때문에 두 남자 잭과 에니스는 아내가 있음에도 불구하고, 긴 세월 동안 서로의 영혼을 빼앗기고 말았으니 이성 간의 사랑으로 점철된 우리 사회에 묘한 바람을 불러일으키기에 모자람이 없었다.

겨드랑이 속살처럼 깊고 맑은 계곡
무녀의 휘장처럼 슬프도록 짙푸른 초원위에
댕구르르 뒹구는 수천마리의 양떼
그 하얀 구름 떼를 비집고
서로의 옥문(玉門)을 열어 제치며 신음을 키워가는 카우보이 잭과 에니스
그 거대한 우주의 품속에서 진공청소기처럼 서로를 흡입하는 시큼한 애정행각은
결국 나의 영혼까지 눈물 한 방울 떨구게 하고

두 남자 잭과 에니스는 20세였던 카우보이 시절 '브로크백 마운틴'에서 서로의 감정의 실체가 무엇인지도 확인하지 않은 채 서로 미친 듯이 탐닉하게 된다. 인간으로서 귀향과 회귀의 본능을 꿈꾸며 아름다운 추억과 고향을 만들어낸다.

그들은 거침없이 세상의 주인, 대자연의 주인이 되었으나, 결국 서로의 갈길 때문에 치료하기 힘든 상처만을 남

긴다.

헤어진 지 4년 후 다시 만나게 된 그들은 1년에 몇 번씩 추억의 장소, 환상의 장소인 '브로크백 마운틴'에서 만나 서로의 사랑을 확인하며 열정을 불태운다.

그러나 그들은 여건적으로 서로 어긋난 관계, 적극적으로 그 사랑을 꽃 피우려는 에니스에 비해, 여러 가지 사연으로 주춤거리는 잭에게 섭섭함을 쏟아내는 한 남자의 쓸쓸한 눈빛은 드디어 죽음을 예고한다.

"이젠 지쳤어, 기다리는 것도…."

20여 년이 지난 후까지도 잭을 기다리던 에니스의 처절한 오열이다.

그는 잭의 가슴 속에, 관객의 가슴 속에, 지독한 상처만을 남겨놓고 저 세상으로 떠나 연옥의 세계에서 헤매게 되고, 에니스의 죽음을 실감한 그의 연인 잭 역시 고통과 방황으로 요동했기에, 누가 이들의 사랑 형태를 냄새난다 할 수 있을까.

동성애의 실체는 과연 무엇일까.

요즘 들어 우리나라에도 게이들의 사랑이 확산되어가는 실정이다. 갈수록 왜 남자의 도피처는 이성이 아닌 남자라야만 할까.

남자들은 여자들을 기만하는 것일까. 아니면 이성과의 애정행각은 권태로워 동성과의 차원 높은 변태행위를 갈망하는 것일까. 호르몬 이상 때문일까. 소크라테스, 아리스토텔레스, 알렉산더의 발자취를 사모하며, 고고해 보이려는 사치스러운 감정 때문일까.

아니면 현대 여성들의 보이지 않는 여러 가지 횡포와 순결의 한계성에 진저리를 치며, 깨끗하고 순수한 사랑을 찾아 휘도는 것일까.

어느 기사엔가 레즈비언의 사랑은 게이들의 사랑에 비해 어딘가 모르게 처참하고 포르노그래피적인 이미지가 강하다고 했다. 여자로서 열등의식을 느끼게 하는 기사였다.

아닌 게 아니라 게이들의 사랑은 왜 한 단계 업그레이드 된 사랑처럼 느껴지는 것일까.

여러 가지 측면에서 남자들은 제멋대로이다.

20여 년 전까지만 해도 어느 섬에는 일부다처제가 시행되어 왔다. 그러나 앞으로 수 년 후에는 '일처다부제' 현상이 보편화될지 모르는 세상이다.

나는 딸들에게 일회적인 삶이기에 남자 때문에 큭큭 울

지 말고, 건강하게 살라고 농담처럼 타이른다. 앞으로의 세대는 여성들도 자신만만한 모습으로 자기 브랜드를 갖고 살아야 하기 때문이다.

여왕벌 주위를 맴도는 수벌의 형상을 상상해 보았는가. 여성은 남성에게서 그 수벌의 형상을 꿈꾸며 존재감을 확인할 수 있다면, 라일락 향기가 아름답겠는가.

두 편의 영화가 동성애 작품이라기보다는 인간의 원초적 형상과 근원, 그 순수하고 처절한 사랑을 그려냈듯이….

명작(名作)에서 훔친 사랑의 논쟁

남자가 여자를 사랑할 때

캐츠비: 사랑하다가 파멸할지라도 그 남자, 캐츠비는 그 여자 데이지를 사랑했지. 가슴에 비수가 꽂히더라도 그 여자를 사랑하기 위해 생애를 던지고 말았지. 무책임한 여자를 사랑하면서도 그 사랑을 내려놓지 않았던 남자. 그 여자는 사랑받을 가치가 없을 정도로 몰인정했지만, '사랑받을 가치라는 것'은 '오직 사랑하는 사람만이 결정하는 것'이기에 스스로 고개를 숙이고 말았지. 결점을 지닌 그녀였음에도 그 남자, 캐츠비는 그녀에게 살며시 다가가 '사랑은 운명으로 다가오는 것'이라고 가르쳐 주었지.

독자의 넋두리: 인생은 아름다운 화음 - 도레미파솔라시도가 아닌가 봐. 순수한 남자가 사랑이라는 이름에 학살당하면서도 사랑할 수밖에 없었던 회색빛 수수께끼 - 그러나 그 여자는 미로(迷路) 속에서 헤매는 그 과정이 사랑 중의 사랑임을 미처 깨닫지 못했으니 음음… 그 꿈에 젖어 살다가 그 환상 속에서 삐거덕거리며 죽어가면서도 그 사랑을 두려워하지 않았던 그 남자 캐츠비의 마음을 감싸 안지 못했으니….

- 피츠제럴드의 「위대한 캐츠비」

베르테르: 난 맹세했지. 내가 사랑하는 사람은 나 외의 누구와도 왈츠를 추게 하지 않겠다고. 비록 그 일로 인해 내 몸이 파멸한다 해도 상관없어. 그것은 내가 내 이마에 한 발의 총알을 쏘고 싶을 때, 로테의 피아노소리가 나의 방황을 지워버리기 때문이야.

독자의 넋두리: 음음, 로테에게는 약혼자가 있었지. 그 남자 베르테르는 그들의 사랑을 보면서 몹시 고통스러워했지. 감정적인 그 남자에 비해 그녀의 약혼자 알베르트

는 이성적인 남자라서 그 강도가 심했지. 그들의 태연성을 볼 때마다 그 남자는 모든 감각이 긴장되어 어쩔 줄 몰랐지. 마치 암살자의 손에 조임을 당하듯 목이 답답하고 마음이 천 갈래 만 갈래 찢어지곤 했지.

그러나 그 남자는 그 여인 로테와 처음 춤을 추었을 때 입었던 연미복을 낡아 떨어지도록 입으면서 알베르트와 결혼한 로테를 포기하지 않았어. 그러나 로테는 베르테르를 사랑하기보다 측은히 여기는 것 밖에는 별다른 대책이 없었지. 고통과 투쟁하던 그 남자는 마침내 낡은 연미복으로 전신을 두르고 권총으로 자살을 하고 말았어. 사랑은 조건이 아니라 운명임을 깨달았기 때문이지.

해가 뜨고 달이 기울어도 사람들은 여전히 8할이 슬픔인 사랑을 찾아 온 생애를 헤매지. 베르테르 그 남자처럼 사랑하고 싶어서 사랑하는 게 아니라, 사랑할 수밖에 없어서 사랑하기 때문이지.

- 괴테의 「젊은 베르테르의 슬픔」

여자가 남자를 사랑할 때

에밀리: 나는 호머 베른과 함께 인생을 장식할 꿈으로

가득한 여자였지. 그러나 그 남자는 내 품을 떠나려고 했어. 그 남자 없이는 숨조차 쉴 수 없었던 나는 결국 광기(狂氣)의 사랑을 택할 수밖에 없었어.

독자의 넋두리: 그날 그 남자가 그녀의 집으로 들어가는 걸 봤지만, 그 이후로는 호머 베른을 본 사람이 아무도 없었지. 동네사람들은 그 남자 호머 베른이 에밀리를 두고 떠나버렸다고 생각했지. 어느덧 세월이 흘러 그 여자도 백발이 되어 세상을 떠나게 되었지. 마을사람들이 그녀의 장례식을 치르기 위해 그 집으로 갔을 때, 그녀가 기거하던 2층 방에는 오래된 주검 하나가 누워 있었어.

그것은 바로 30세가량의 호머 베른 그 남자였어. 그러나 그 옆이 움푹하게 파여 누군가 함께 누웠던 자리가 있었지. 근데 그 자리에는 에밀리의 철회색 머리카락이 휘날리고 있었으니 음음.

음음 흑장미색 아름다움, 그 찬란한 그들의 비명소리 음음….

- 윌리엄포크너의 「에밀리를 위한 장미」

안나 카레니나: 내 사랑은 점점 더 정열적이고 이기적이 되어가는데, 브론스키의 애정은 점점 더 약해지고 있어. 우리가 맺어지기 전에는 양쪽에서 알지 못 할 힘이 강렬하게 접근해 갔지만, 이젠 서로가 어긋난 쪽으로 고개를 돌리며 멀어져가고 있어. 내게는 아직 그 남자의 사랑이 전부인데도….

그래 좋아 음음. 당신은 나를 더 이상 괴롭힐 수 없어. 당신을 처음 만났던 그 기차역, 나는 회오리의 몸짓처럼 기차가 달려오는 그 가운데로 뛰어드는 거야.

독자의 넋두리: 불행한 가정은 그 이유가 각각 다르지. 그녀는 유부녀로서 아들까지 있었지만 남편과의 사랑부재가 불행의 요소가 되었으니.

그녀를 매혹시킨 남자 브론스키는 그때 그 시간 그 기차에서 내릴 때 안나에게 운명적인 사랑을 느꼈어. 그녀에겐 지나칠 만큼 악마적인 아름다움이 잠재해 있었거든. 그러나 붉은색 아름다움은 파괴적인 마력을 지니게 마련이거든. 그녀에겐 타는 줄도 모르고 날개를 펄럭이는 불나방처럼 불길 속에 뛰어드는 광기가 있었어.

그러나 안나의 인생에 있어 브론스킨의 등장은 식어버린 혈관에 붉은 핏톨을 돌게 해준 것은 사실이야. 단지 집착과 소유욕 때문에 안나의 영혼이 위태로웠지만 말이야. 브론스키의 마음은 점차 그녀와의 사랑이 아니라 사회적 출세로 눈을 돌리게 되었지. 남자라면 당연한 일, 몰입의 결과는 비극일 뿐, 독점욕이 강한 안나는 결국 정신이 극도로 쇠약해져 절망감과 투쟁하다 추락하는 낙엽처럼 기차가 달려오는 그곳으로 뛰어들고 말았으니 음음.

안나는 집착과 갈증은 정비례한다는 것을 몰랐나 봐. 갈증이 심한 사랑은 결말이 뻔하기 때문이지. "그이에게 나는 무엇일까. 알고 보면 아무것도 아닌 존재 - 무(無)일 뿐이야"라고 깨달았을 때, 인간의 영혼은 조금이나마 청청한 하늘이 되어 태양을 맞이할 수 있기 때문이지.

- 톨스토이 「안나 카레니아」

서로가 서로를 사랑할 때

로체스터: 제인에어, 당신을 보면 이상한 기분이 느껴지오. 내 왼쪽 늑골 밑의 어딘가에 실이 한 오라기 달려 있는 것 같소. 그 실이 당신 몸의 같은 장소에 달려있는 실

과 같아, 풀리지 않게끔 단단히 매어있는 느낌이 들거든.

제인에어: 공감 100%. 당신은 침울한 표정에 냉소적이고 키도 작고 인물도 보잘것없지만, 나 역시 로체스터 당신의 눈빛에서 외로움을 발견할 뿐만 아니라, 인품 있고 말수 적은 당신에게 존경과 사랑을 느낍니다.

독자의 넋두리: 서로가 서로를 사랑하는 모습, 그 이상 환상적인 것은 흔치 않지. 사랑은 정원을 단장해 꽃을 피우는 것만 아니라 꽃이 진 뒤의 폐허까지 고요하게 감싸 안거든. 자신보다 상대를 더 사랑하여 비로소 그 열매가 완숙할 때 미묘하게 보람을 느끼기 때문이지.

송정림의 말처럼 사랑은 비가 오면 우산을 건네주는 것이 아니라 자신이 든 우산까지도 버리고 비를 같이 맞아주는 것, 폭풍 속에서 고통 받는 상대를 위해 그 폭풍을 마다하지 않고 그 속으로 달려드는 것이라고 했던가.

말하지 않아도 들릴 수 있는 무언의 고백이 그들의 대화이지. '여자와 잔다는 개념과 여자와 잠든다는 개념을 잘 파악' 하며 개념이 다른 그 열정에 몸서리를 치거든.

조건에 관계없이 상대를 느낄 줄 알아야 참 자신이 될

수 있고, 또 그 이상이 될 수 있는 것이라고 누가 말했었지. 쾌락보다 성스러움을 추구하며 서로의 위로자가 되어주는 것, 잠들지 못하고 뒤치락거리는 새벽, 창밖을 내다보며 눈물을 흘릴 수 있는 것이 사랑이라고 누가 말했었지. 환상처럼 들리는 그 영혼에서 바람의 흥얼거림을 들을 수 있는 것, 이런 흥얼거림이 서로가 서로를 사랑할 때 부를 수 있는 무형의 멜로디라고 누가 말했었지.

그래 그렇지. 현대인의 사랑도 '도시라솔파미레도'로 섬칫한 조화를 이루고, 죽어서도 찢어놓을 수 없는 영가(靈歌)를 부르며 서로의 늑골이 묶여지기 때문이지.

- 샬럿 브론테의 「제인에어」

천기(天氣)를 뿜어내는 붉은 운동

"또 그렇게 몰입해?"

집에 있을 때도 시간 가는 줄 모른다. 딱딱한 의자에 전신을 의탁해 컴퓨터 앞에 앉으면 관절이 어긋나는 줄도 모르고 몇 시간이 삽시간에 흘러간다. 이곳저곳 클릭해 인터넷 속의 그 세계(?)를 헤엄치다 보면 감당하기 어려운 '유용한 보따리'가 눈앞에 쏟아진다. 정글 속에서 숨바꼭질하는 호랑이 먹잇감처럼, 삭막한 내 의식 위에 윤기 자르르한 거름들이 고개를 쳐든다.

"뭐라구? 이마트(Emart) 팸플릿 같다구?"

그러나 감사한 마음으로 메뉴들을 골라가며 트림소리가 날 때까지 양질의 수분을 흡수한다.

그 열정의 정체는 무엇일까. 옆자리에 앉아있던 남편이 "당신은 어딘가 모르게 무녀의 끼가 있어"라고 퉁명스럽게 말했다. "핸드백에 성경책을 넣고 교회 갔다오는 사람에게 얘기가 좀 심하지 않아?"라며 나는 비통에 찬 어감으로 쏘아 붙였다.

"생각해 봐. 지금 이 순간도 김덕수의 사물놀이 타령, ○○대학교의 미래 예측과 타령…. 당신은 그 어디든지 굿마당이 벌어지게 되면 오뉴월 뙤약볕 속이라도 달려가잖아."

그렇다. 부정하진 않는다. 작두 위에서 극치의 경지까지 치닫는 무녀의 망아(忘我)를 보고서야 극도의 카타르시스를 내려놓을 때가 있기 때문이다.

이유는 뭘까. 무교(巫敎)야말로 한국문화의 뿌리가 아닌가.

우리는 만물과 교감할 수 있는 존재로서 무교적인 정서 속에서 역사를 같이 해왔다. 내 어릴 적 고향마을에서 서낭당 광경이나 작은 신당(神堂)들, 무녀들의 신기(神氣)어린 몸짓들을 어렵지 않게 보며 자랐다.

나는 그 당시 독실한 기독교 집안의 맏딸이었다. 제주도의 조그만 해변마을, 그 뒤숭숭한 공간 속에서 나는 토속문화의 참맛을 배울 수 있었지만, 우리 집안은 기독교

교리와 무교(巫敎)의 극단적인 기운과 싸우면서 시대를 뚫고 나갔다. 여성에게도 본처기질과 애처기질이 잠재해 있듯, 우리 민족에게도 그 이중적 현상이 잠재해 있기 때문이다.

열정은 그 누구도 대신해 줄 수 없는 삶의 원천이다.

한국학 연구가 최민식도 「샤머니즘, 자연과 교감하기 위한 인류 최고의 기술」이라는 논문에서, 우리나라 기본 신앙은 '샤머니즘'이라고 하였다. 충격적인 부분은 '굿판에 다녀보지 않았다면 우리 문화를 논하지 말라'고 했으니 할 말이 없다.

여러 학자들이 인터넷 세계를 통해서 인문학 부흥을 위해 열광하는 그 몰입의 광경도 그 근원과 다를 바 없고, 그 광장을 헤매며 여러 분야에 몰입된 우리들의 주사위 놀이 역시, 중독 증상이 아닐 수 없다.

몇 년 전 '붉은 악마'와 작년 '촛불 집회'의 그 에너지를 보더라도 우리 문화는 무엇에든지 몰입하는 민족임은 부인할 수가 없다. 억압 속에서 살았기 때문에 낮에는 박제된 인간의 유교식 양반, 밤이 되면 온 나라 구석구석을 들썩하게 하는 그 화려한 문화가 강도의 엑스터시를 느끼게 한다.

공간을 초월해 어디든지 인간의 심층과 자연 속에는 샤머니즘 사상이 내재되어 있다. 영화 「오스트레일리아」에서도 느낄 수 있었지만, 넓은 대지에 널브러진 돌멩이 하나하나, 인간의 흩뿌려진 머리칼 하나하나에도 신(神)의 기운이 가득 차 있어, 그 영화의 전체적인 이미지와 스토리를 지배해 나갔다.

뿐만 아니라 어느 중국 황제가 궁정 수석 화가에게 그 화가가 그린 벽화의 물소리 때문에 '잠이 설친다'면서 지우라고 했다. 그림에 불과한 벽화 속의 물줄기가 신기가 가득한 채 살아 움직이며, 기(氣)가 약한 황제의 잠을 설치게 했음을 유추해 볼 수 있다.

르네상스 시대, 예술의 토대를 마련한 이탈리아 건축가 알베르티도 열병 환자들에게 샘물이나 폭포를 그린 그림을 보여 주기도 하고, 한밤중 불면증에 시달리는 사람들에게 '머릿속에 샘물이나 폭포를 그려보면 그 문제가 해결된다'고 말했다니, 과학을 초월한 현상이 아니고 무엇일까.

요즘에도 가톨릭과 개신교가 사람들을 많이 선도하고 있지만, 우리 문화는 단군신화를 기점으로 한 토속신앙에서 벗어날 수가 없다. 멀리 보지 않더라도 마을버스 속이나 유명한 여성잡지, 4대 일간신문에도 광고 하는 - 신(神)어머니를 모신 무녀들의 모습이 참으로 찬란하다.

이들의 신앙은 만신사상을 지닌 사람들로 싱싱한 꽃만 아니라 시들어가는 꽃잎 하나에도 신이 깃들어 있다는 세계관을 가지고 있다. 이들은 모든 만물이 신(神)과 접목되었음을 온몸으로 느끼며 살아간다. 이들은 그렇게 되기까지 혹독한 수련과 무병을 통해 고도의 기운을 느끼며 되살아난 사람들이다.

「한국인은 왜 틀을 거부하는가」라는 글을 보더라도, 우리 민족의 근본정신이나 예술정신은 규범이나 질서, 격식에 얽매이지 않으려는 성향을 드러내고 있다. 자유정신은 문학에서도 드러나고 있으며, 무용 분야에서도 극치의 춤동작을 연출하던 김애자, 병신춤으로 영육의 끼를 발산하던 공옥진, 살풀이춤으로 엑스터시 불러오던 이매방 같은 사람들이 전통적인 예술인으로 귀착되고 있다.

심지어 민화를 비롯한 건축물과 조각에서도 무작위성이나 비균제성, 파격이나 일탈, 또는 해악으로 나타나고 있는 현실이다.

이처럼 우리들의 기질과 문화는 샤머니즘 사상과 멀지 않다. 노래방에서의 굉음과 그 몰입, 달려가는 관광버스 속에서 마이크를 붙잡고 놓지 않으려는 우리들의 무아(無我)의 경지, 의사에게 관리 대상이면서도 폭탄주를 마다하지 않는 집안의 가장들도 토속문화에 사로잡혀 있다.

그 외에도 가장 한국적인 시나위 합주 모습, 조선시대 기생들의 희비(喜悲)의 끼, 모든 것이 돌고 도는 굿판, 그 자체이기 때문이다.

그 광장에 중독이 된 나의 몰입 역시 무녀 세계의 열정과 다를 바 없고, 그 광장을 넓혀 나가기 위한 그 제작(?) 역시, 그 기운과 상통하는 부분이 없지 않은 느낌이다.

어쨌든 몰입의 끼, 열정의 끼는 아름답다. 여러 형태의 몸짓은 그 시대 그 문화를 대변해 준다. 그래서 그 길을 따르는 우리 민족은 매력 있는 존재이고 미네르바를 능가할 정도로 지혜가 가득 차 있어 근엄하기까지 하다.

그러나 학문이란 소중한 것, 그 미래지향적인 문화가 어쩌다 순수성이 결려된 현실로 탈바꿈 된다 하더라도, 인문학 발전을 위한 계기가 되고 있으므로, 전국적으로 파급되고 있는 '붉은 운동'은 오늘도 천기(天氣)를 뿜어내고 있다.

꿈꾸는 보헤미안

할망이
하르방을 기다리다 지쳐서
돌이 되었다.

제주를 사랑하는 시인 이생진의 「외돌개」 일부분이다.

그날도 문화의 거리 인사동에 있는 보리수(tea & coffee)에서 이생진 선생과 박희진 선생을 중심으로, 50여 명의 문인들이 모여 101번 째 시낭송을 가졌다. 동행한 Y교수님도 그들과 함께 그 세계를 산책하며, 오미자차로 마음을 축인 후 상념에 잠기는 듯했다.

찻잔 속에는 돌이 되어버린 '외돌개' 할망 영혼이, 드라마 「태양을 삼켜라」의 한 토막이 되어 영지(領地)를 넓혀 나갔다.

드라마가 아니더라도, 1960년대 '국토건설단'이란 이름으로 박정희 대통령 재임당시 전국 깡패들을 소집해 제주도로 후송시켜, 제주시와 서귀포간 산간도로 - 5·16도로를 개설한 역사를 우리는 기억한다.

당시 후송된 깡패 중, 악질로 불리던 김일환이라는 남자가 있었다.

이 남자는 제주에서도 구제받을 수 없는 범행을 다시 저질러 특수부대 요원에게 사슴처럼 쫓기다가, 총에 맞고 절벽에서 떨어져 바다로 추락되어 익사한 줄 알았는데, 그 위기의 상황에 잠수질 하던 20대 초반의 해녀에게 발견되어 사연 많은 그 생명이 구조된다.

그들은 그 과정에서 서로가 마음을 열어놓을 수 있어 비바리인 해녀는 임신까지 되었지만, 그녀의 어머니는 동네 사람들에게 그 사실을 숨기기 위해 그녀를 바닷가 근처에 있는 신당(神堂)으로 격리시키게 된다.

그 해녀는 그곳에서 '외돌개' 할망과 같은 모습으로 지내다가 아들을 낳았지만, 산후조리가 잘 되지 않아 세상을 하직한다.

세상의 관점에서 볼 때 김일환은 깡패에 불과했지만, 수갑을 차고 군함에 실려 제주를 떠나게 되자 그 해녀의 모습은 이생진 선생의 '외돌개'에 내재된 '할망'의 형상과 다를 바 없었다. 그녀는 그렇게 세상을 떠났지만 그 영혼은 파도가 되어 김일환을 그리워하게 된다.

그날의 시낭송 참여는 많은 것을 느끼게 하며 헛헛함을 실감케 한 날이었다.

문화예술이 주는 혜택은 예술을 사랑하는 사람에겐 양식이 되었고, 시를 낭송하는 시인들의 모습은 찻집 '보리수'와 인사동 거리를 뜨겁게 하는 데 부족함이 없었다.

「구룡포와 감포 사이」를 낭송한 박희진 시인도, 참석한 문인들을 무아경(無我境)까지 몰고 들어갔다.

선생은 해넘이 – '바다와 하늘이 살을 섞고 있는 해질녘 햇살'을 사랑한다며, 탈시공(脫時空)을 꿈꾸곤 했다.

경직된 고독 속에서 껍질을 벗기지 못하는 수필가에 비해, 해체된 부유(浮遊) 속에서 예술의 세계를 만끽하는 그들의 몸짓은 나에겐 위선을 벗겨주는 시간, 의식의 갑옷을 갈아입히는 미묘한 시간이 되었다. 길지 않은 시간이지만 자유롭게 진행되는 문인들의 카페문화가 유랑자의 마음

같아, 미래에도 바람직한 문화가 되지 않을까 상상해 보았다.

이생진 선생은 내가 태어나서 자라난 제주도 - 그 초라하면서도 운치 있는 고향 마을 '오조리' 식산봉 근처에서 채바다 시인과 집필 생활을 했으므로, 삶을 가슴 아프게 마감하신 나의 아버지 마지막 모습처럼 가슴이 적적하면서도 정겹게 느껴졌다.

제주도를 깊이 사랑하다 길 떠난 화가가 이중섭이 아니던가.

제주풍광에 취해 사진을 찍으며 삶 같은 삶을 살다가 영육(靈肉)을 던진 사람이, 김영갑 작가가 아니던가.

그런 의미에서 볼 때 이생진 선생도 풍화된 고독을 사랑하며 남은 삶까지 온전히 제주바다와 동행할 시인이다.

그날의 시낭송은 소낙비에 젖은 갈옷 같았다.

'외돌개'는 드라마 '태양을 삼켜라' 제2부에 숨겨진 내용과 일치된 부분이 있는 듯해, 아니면 타계한 마이클 잭슨의 히트곡 「Billie Jean(빌리 진)」을 미국에서 활동하는 김경안 시인이 낭송했기 때문인지, 그날 저녁 나는 그 적적한 순간들이 싫지 않았다.

그녀는
영화의 한 장면에 나오는 미의 여왕과
같았다.
그녀는 나의 애인이다.
하지만 그녀의 아이는 나의 아들이 아니다.
그녀는 내가 바로 그 아이 아버지라고 말하고 있지만, 그 아이는
내 아들이 아니다.

간호사였던 Billie Jean은 잭슨의 둘째 부인이다.

잭슨의 참모습을 훔쳐 볼 수 있는 히트곡 「Billie Jean」도 잭슨이 생전에 아꼈던 노래였다.

천상의 음성도 지옥의 음성도 아닌 묘묘한 목소리로 온전히 그 속에 몰입, 흑인도 백인도 남성도 여성도 아닌, 어딘가 영혼이 가난한 보헤미안 같은 사람이었음을 상상해 볼 때, 그 순간이 겨울바다처럼 느껴지는 것은 당연한 일이었다.

잭슨의 육신은 쓰러졌지만 그 예술혼은 꿈꾸는 보헤미안이 되어 창공을 휘돌고 있다.

삶이라는 것 자체가 한순간 꿈에 불과할지 모르지만,

잭슨은 이제 파파라치도 존재하지 않는 천상(天上)에서 편한 삶을 누릴 것이다.

연인 같은 친구 브룩쉴즈와 함께, 박희진 선생의 작품 「유심히 나를」을 거듭 음미하며, 현대판 '외돌개' 주인공들이 될 것이다.

유심히 나를
바라보던 네 눈에 우울한 시름이
고이었는데
이윽고 나에게 가까이 와서는
나직한 목소리로 이르는 말이

내 눈에 오히려
말할 수 없는 깊은 수심이 어리었다고….

나도 보헤미안이 된 듯 무아경(無我境)의 세계를 유랑하다 집으로 돌아오니, 운동을 하지 않는 날이라서 여느 때보다 일찍 퇴근한 남편과 꽝 하고 부딪쳤다.

'외돌개' 할망을 닮으려고 할수록 창공으로 흩어지는 가이없는 기도.

마음이 산란하다.

빙떡과 동탯국의 날갯짓

첫째 여인

오월이 되면 추억에 젖게 하는 메뉴들이 있다.

마음으로 음미하던 매혹적인 음식들이다. 요즘은 식도락이 21세기 문화시대로 돌입 - 그 동호회 인구가 20만 명이 넘어가고 있다. 여행의 패턴도 단순히 현지를 관광하고 즐기는 여행보다 입맛이 네비게이션이 된 음식 기행이 늘어간다.

그럼 생애를 통해 기억 속에 자리 잡은 메뉴들은 얼마나 될까.

머리를 싸매도 다시 찾고 싶은 메뉴가 쉽게 떠오르지 않으니 입맛이 제 맛을 잃어가기 때문일까. 문화에 밀려

수많은 음식을 접했기 때문일까. 그 탓인지 며칠 동안 고민을 해도 그 답을 찾는데 시간이 걸렸다.

사람과 사람의 정(情)도 다를 바 없다. 진실이 땅속에 숨어 가면축제가 벌어지기 때문일까. 그래서인지 좋은 인연을 찾기란 생각처럼 쉽지 않다. 하지만 좋은 사람과 접했던 메뉴들은 눈물과 정, 추억으로 뒤범벅되어 있어 재회하고 싶은 음식으로 다가온다.

신사동에 가면 시골밥상이란 곳이 있다.

식물성 재료로만 이루어진 퓨전 음식점이다. 그곳에서 인생을 논하고 문학을 논하던 선배는 함박눈이 되어 작년에 세상을 떠났지만, 그곳에서 선배를 만날 때면 물을 만난 고기인 듯 모든 것이 충만했다.

세상의 어떤 술에도 나는 더 이상 취하지 않았다
당신이 부어준 그 술에 나는 이미 취해 있었기에

류시화의 「잔 없이 건네지는 술」을 음미하며 선배와 나는 마음의 경계선을 없앤 사이였지만, 당시 선배는 남모른 병마에 시달리며 투병하던 시기였다. 그러나 몇몇 문우들은 서로를 존경하며 오랜 시간 사랑했으므로 선배가 없는 빈자리는 반쪽 인생을 사는 것 같아 울분을 삼킬 때가 많다.

나는 선배의 냄새를 많이 좋아했다. 선배는 메밀가루가 되고 나는 무나물이 되어 선배와 같이 먹던 빙떡을 많이 사랑했다. 많은 메뉴 중에서도 시골밥상의 메밀과 무로 조화를 이루던 빙떡, 그 메뉴는 메밀가루로 전을 부쳐 그 위에 데친 무를 한소큼 넣고 돌돌 만 음식이다.

이효석의 「메밀꽃 필 무렵」은 봉평에서 탄생되었지만, 빙떡은 제주도에서 귀하게 여기는 메뉴로 수수하면서도 향기 밴 그 맛이 선배의 이미지를 더 많이 닮았다.

메밀가루와 무의 만남은 궁합이 맞는 재료들이다. 사람과 사람의 만남도 궁합이 맞아야 매혹적인 만남이 이루어지듯, 메밀가루와 무가 만난 빙떡도 그와 다르지 않다. 궁합이 맞는 음식은 컨디션 상승에도 많은 도움을 주므로 그 자체가 웰빙으로 다가온다.

둘째 여인

나에겐 빙떡처럼 잊지 못하는 음식을 가슴 중앙에 또 하나 품고 살아간다. 생애를 통해 인생을 지배하던 음식이 두 종류라고 해도 과언이 아니다.

한 남자를 사이에 두고 두 여자가 살고 있었다.

나는 그때 두 여자 사이에서 잊지 못할 메뉴를 접하게 되었다. 1977년 남편의 전출지인 춘천에서 첫아이를 낳았을 때 주인집 여인이 끓여준 동탯국 맛이다. 당시 동탯국 속에는 여인의 애환과 나의 애환이 질퍽거린다고 생각하며 후루룩거렸다.

그 여인은 셋방살이 하는 새댁인 나에게 많은 푸념을 토해냈다.

평생 아이를 낳아본 적이 없던 그 여인은 집에서 일하던 딸 같은 식모를 남편이 있는 안방으로 들여보냈다며 눈물을 흘린 적이 많았다. 그들이 자고 있는 안방에 불을 지피다보면 자신도 모르게 쏟아지는 눈물을 주체할 수 없어, 산 너머 화장터에서 뿜어 나오는 연기가 낯설지 않았다는 것이다.

젊은 아가씨가 아들을 낳아 안방을 차지하게 되자 그 여인은 그곳에서 흉흉한 소리가 들려와도 남몰래 눈물을 훔쳐낼 뿐, 젊은 여자가 낳아준 아들을 키우는 일에만 전념했다는 것이다.

드라마 같은 삶 속에 인생은 묘미가 있고 진국이 깃들어 있다.

그때부터 남편의 사랑을 빼앗긴 여인의 얼굴은 싸락눈처럼 삭막해 보여 내 삶에서 지워버릴 수 없는 표정으로 남아있다. 아들을 낳은 젊은 여자가 나에게 동탯국 이상의 선심을 베풀어도, 세상의 모든 이치는 약자 쪽으로 기우는 것을 그때 터득했다.

내가 첫아이를 낳아 이불을 만들 줄 모르자 아기이불을 만들어 주던 여인, 산모인 내가 시장 볼 여건이 되지 않자 동태에다 무를 숭숭 썰어 넣어 동탯국을 끓여 주던 여인, 때때로 뱃속이 허해지면 한(恨)을 삶듯 옥수수를 푹푹 삶아 허기를 면하게 해주던 여인, 나는 그때 그 여인을 나의 탯줄을 잘라준 어머니보다 더 감사하게 생각하며 살아왔으니 내 삶도 한 토막의 드라마에 불과한 셈이던가.

이제 그 여인도 저 세상으로 떠났지만 여인의 아랫목 하소연이 동탯국 냄새로 진동하며 등골을 타고 흘러간다. 그 여인의 골 깊었던 얼굴에서 미역국은커녕 동탯국도 먹어보지 못했다는 남모를 애환이 싸락눈으로 요동하며 심장을 누를 때가 많다.

얼마 전에 큰아이를 데리고 그곳을 찾아가 보았다. 춘천시 석사동의 늠름한 은행나무들은 간 곳 없고 웅장한 집들만 가득 차 있어 그 여인의 흔적을 찾을 수가 없었다.

그러나 가슴 속에 굽이도는 이름 모를 계절처럼 여인이 끓여준 동탯국 여운만이 옆구리를 관통하며 지나갈 뿐이었다. 허공의 점 하나로 거듭난 영혼들이 빙떡과 동탯국이 되어 무릉도원으로 나를 안내할 뿐이었다.

짙푸른 희망 위에 검붉은 회한을 토해내면서….

절대적인 삶을 추구했던 여자

당신께서 가신 지 어느덧 40여 년이 흘렀답니다.

척박한 땅에서 최초로 독일로 유학한 여인 - 서울법대를 좋은 성적으로 입학했지만 팍팍한 구속이 싫어 뮌헨 슈바빙으로 떠났던 여인을 쉬지 않고 기억합니다.

바람이 불거나 낙엽이 거리를 헤맬 때면 전혜린, 당신을 미치도록 그리워합니다. 전신에는 인식애(認識愛)의 광채가 파르르 흐르고 비밀이 그득한 두 눈엔 학구열로 불타던 그 모습이 시공을 초월하여 가난한 영혼에 원동력이 되고 있습니다.

전혜린!

지상의 삶이 그렇게 힘들었습니까?

서른한 살 나이로 생(生)을 접을 만큼 세상이 권태로웠습니까. 마음속에 간직하고 있던 '장 아베제도'를 어떻게 털어내고 혼자 먼 길을 떠날 수 있었습니까.

당신의 의식이 범상치 않았기 때문입니까.

당신은 문학을 하면서 인식의 순교자였던 루 살로메를 연구하기도 하고, 루 살로메를 사랑했던 니체에게도 많은 관심을 가지곤 하셨지요. 나도 당신을 숭배하다 보니 루 살로메와 니체에게도 나도 모르는 사이에 반했지 뭡니까. 나의 뜨거운 혈맥 속에, 복숭아 같은 두 개의 심장 속에, 당신들 셋이 안주인이 되어 밤낮을 가리지 않고 내 삶을 노래하고 있습니다.

전혜린!

당신은 여성으로선 처음으로 서울대학에서 강의를 하기도 했지요. 그곳에서 운명의 사람을 만나셨는데 인생이 그런 것 아니겠습니까.

당신은 성균관 대학에서 번쩍이는 기량을 마음껏 펼치긴 했지만 당신의 삶은 너무도 짧았답니다. 지인들과 자주 만나 갖가지 긴장을 강요당하며 의식의 파수꾼 노릇을 했던 당신, 지금도 혜화동에는 당신이 드나들던 학림다방이 당신의 냄새를 진득하게 내뿜고 있답니다. 그 허름한 소파에 앉아 향기 독한 커피를 마시다 보면 창밖의 햇살이 당신인 듯 다가와 겨드랑이를 슬며시 만지곤 하지요.

전혜린!

당신은 철저한 이상주의자였습니다.

당신의 작품 「먼 곳에의 그리움」을 읽다보면, 포장마차를 타고 일생을 전전하는 보헤미안 생활을 그리워하기도 하지요. 작품에는 혈관 속의 욕구가 지시하는 대로 어디론가 훌쩍 떠나, 그것에 함몰되려는 기대와 소망이 처절하게 담겨 있답니다.

죽은 삶처럼 명령에만 순종하며 살아가는 생(生)이 아니라, 무언가 톡톡 튀는 삶, 남다른 의식으로 살아보려는 바동거림, 때로는 아웃사이더적인 삶을 갈망하곤 하셨지요.

당신을 생각할 때마다 나에겐 치열하게 떠오르는 글귀가 있답니다. 생(生)의 클라이맥스처럼 전신을 온전히 마비시키는 글 중의 글이랍니다.

> 나는 절대를 추구한다.
>
> 생은 나에게 평범과 피상의 것 외에 아무것도 제공하지 않는다.

나는 중세의 대리석을 좋아한다. 그릴파르쯔의 절대 세계를 동경한다.

무섭게 깊은 사랑,

심장이 터질 듯 한 환희, 죽고 싶은 환멸…

일상생활의 평면성이, 내용 없는 인간들이 나를 질식시키고 있다.

나를 절망 속으로 몰아넣고 있다.

이 끔찍한 일기를 읽으면서 목이 마르도록 당신을 느꼈습니다.

당신은 죽어도 죽지 않아 신화로 존재 - 그 영혼은 혜화동 학림다방, 명동에 있던 은성다방, 아니면 오스트리아 빈의 이름 모를 거리, 뮌헨 슈바빙의 노상 카페에 쭈그리고 앉아 블랙커피를 마시거나 흑맥주 한 잔으로 권태로운 일상을 축이고 있을지도 모릅니다.

나는 당신이 부럽습니다.

사랑하는 동생 채린에게 당신의 진지한 감정을 풀어 넣어 편지를 쓸 수 있었다니 행운이 아닙니까. 나도 생전에 그러한 동생이 있었으면 합니다. 내 모든 고민과 열정을 풀어 넣어 가난한 세계관을 헤아려줄 수 있는 나만의 동생이 있었으면 합니다.

나는 글을 쓰지만 숨이 막힙니다. 많은 자녀와 나를 이해해주는 남편이 있지만 갈증이 심합니다. 세 명의 동생과 존경하는 스승이 있어도 숨통이 막힙니다. 마음을 쏟아 놓을 수 있는 백지와 볼펜이 주변 가득 있어도 호흡이 곤란합니다.

진실의 통로가 막혔기 때문일까요. 인간의 모호성에 환멸이 오기 때문일까요. 눈앞에 보이는 알맹이 없는 인생이 권태롭기 때문일까요.

전혜린!

1965년 밤 11시 경, 적막한 침대 위에서 극약이라고 할 수 있는 수면제 - 죽음을 향해 문을 열어가며 하얀 알약을 삼킨 후 느낌을 체크! 체크! 다시 10분 후 느낌, 20분 후 느낌, 30분 후의 느낌을 체크! 체크! - 몽환 속에 묻혀가는 순간을 체크해 가며 의식의 이별을 고했던 선생님의 최후를 상상해 봅니다. 화려한 몽환과 함께한 연옥의 세계를 떠올려 봅니다.

삶과 죽음의 경계선에서 몽환의 노예가 된 당신, 환희의 구렁텅이, 공포의 구렁텅이로 침몰했던 당신을 응시해 봅니다. 불안한 정신으로 불안한 생(生)을 살았던 초라한

넋을 헤아려 봅니다. 세상은 살만한 가치가 있는 데도 때론 따분하고, 때론 지루하고, 때론 권태롭고, 때론 구질구질할 때가 허다하기 때문입니다.

그러나 전혜린! 삶은 그런대로 가치가 있지 않습니까. 일회적인 인생이기에 조심스럽게 조립하다보면, 아름다운 꽃들과 검붉은 나비들이 희희낙락 어울리지 않겠습니까.

범나비가 날아 와 '퇴색되지 않을 사랑'이라며 두 손을 꼭 잡아주지 않겠습니까.

당신은 비록 "한 사람을 내 안에서 몰아내는데 8년이란 세월이 걸렸어. 그 사람은 나에겐 신이었고, 니체였고, 랭보였고, 발레리였어…"라고 울부짖었지만, 꿈속에서라도 당신의 입 안으로 쏟아지는 수면제를 빼앗을 사람이 나타나지 않겠습니까.

나 역시 당신의 친구가 되고 싶어 오늘도 살아가야 할 이유를 느끼고 있는데….

미스 & 의식

마츠다 세이코는 일본의 전설적인 여가수다.

일본 언론에서는 그녀를 나쁜 의미에서는 '스캔들 메이커'라고 불렀지만, 1980년대 당시 2, 30대 여성에게는 압도적인 마마돌의 최고급 우상으로 군림하던 여자였다.

'스캔들 메이커'라는 의미는 살아있음의 증거라고 할 수 있다.

일본에서는 현대여성을 거론할 때면 마츠다 세이코를 제외하고서는 대화가 되지 않을 정도였다. 대입시험 문제, 유명대학 교수들의 논문주제까지 그녀의 생의 편린들을 뽑아냈다.

그녀는 언제나 인기절정에서 '연애 따로, 결혼 따로'라는 유행어를 만들어낸 주인공이다. 미남 가수, 미남 배우들과 결혼해 아이도 낳았지만 그 결혼을 구속이라 생각하며 그 자리에 머물지 못할 때가 많았다.

이때 세인들의 지탄이 만만치 않았지만 그녀는 그 상황 앞에서 전혀 동요가 없었으며, 인기 가수로서의 적극적인 활동 - 연애, 결혼, 출산, 유학, 이혼을 통해 해외진출을 함은 물론, 국내외의 애인을 수없이 둔 인물이다.

세이코는 일은 일대로 프로페셔널 하게, 가정은 가정대로 섬세한 어머니로, 공부는 공부대로 치열한 의욕으로, 사랑은 사랑대로 불을 활활 지펴가며 자신의 길을 걸어간 여성이다. 제아무리 세상을 놀라게 할 문제들이 눈앞에 닥쳐와도 태연자약하게 별일 아니라며 제자리로 돌아가는 당당함을 보였다.

이런 여성이라면 누구나 동경함직한 여성이 아닐까. 그 불가사의함에 미혼여성이든 기혼여성이든 마음속에서 갈망하고픈 여성 중 여성이 아닐까.

세이코의 이러한 행위는 결혼을 인생의 전부라고 여기던 여인들에겐 내면적인 갈등을 일으키게 했으며, 나아가서는 여성들의 정신세계에 묘묘하게 영향을 초래했다.

소설가 전경린도 작품 「엄마의 집」에서 의식해체 - 가

정해체의 모습을 보여준다.

표준이나 정상정인 가족형태는 애초부터 존재하지 않았음을 암시하며 문명의 흐름에 따라 가족단위도 재편성될 뿐이라고 얘기한다.

그것은 그만큼 예나 지금이나 성(性)의 개념이 자유롭다는 의미와 다르지 않다. 다만 미혼모이든 기혼모이든 엄마의 정체성을 잃지 않은 채 처녀의식을 간직한 - '미스 엔 의식'을 소중히 여기며 일상에 매몰되지 않으려는 노력만을 중요시 여기라고 단언한다.

전경린이 엄마들에게 부여한 '미스 엔 의식'은 여성에게 생의 구원으로 다가온다. 이러한 의식은 현대여성들의 심리 내부에 소망으로 잔존해 있으나, 마음속에서만 맴돌 뿐 덧없는 욕망과 다르지 않다고 여길 때가 많았다.

일본여성 세이코도 모든 것에 과감하게 도전하며 자기 삶으로 승화시켰으니, 누구보다 현대여성의 의식세계를 전환시켜준 장본인이다.

젊은 여성들은 세이코의 삶의 방식을 열광적으로 환호한다. '한다면 하고 마는 세이코'를 마음속에 두고 살아간다. 가정이냐 일이냐 고민하다가 가정을 택하고 마는 기성 세대들과는 달리, 현대여성들은 두세 마리 토끼를 한꺼번에 잡는 슈퍼우먼들이 되고 있다. '이것이냐 저것이냐'가 아니라, '이것도 내 것 저것도 내 것'으로 취하는 - 도전형 라이프스타일을 구축하고 있다.

걸림돌이 되는 것은 주변사람들의 안목과 세간의 인식이다. 세간의 인식을 두려워하게 되면 자신이 추구하는 일에 대해 절반의 실패를 불러오는 것이나 다를 바 없다.

그래서인지 내 주변에는 자신의 길을 설정해 놓고 꿋꿋하게 걸어가는 친구들이 있다. 나도 처음에는 그 친구를 부정적으로 보았으나 어려움 속에서도 묵묵하게 자기 삶에 도전하는 것을 보았을 때 또 다른 존재로 인식하게 되었다. 어쩌면 내 무의식의 카타르시스를 해결해줌은 물론, '아, 세상은 때로는 저렇게 살아도 되는구나'를 깨닫게 했으므로, 친구의 도전적인 삶에 긍정적인 눈길을 보낼 수 있었다.

이러한 현상은 내 자체가 프로페셔널 하게 살아가고 싶은 욕망이 강하기 때문인지, 잠재의식 속에 마츠다 세이코의 정신이 강하게 흐르기 때문인지는 모르겠다.

무엇보다 그것은 성(性)의 개념을 극복하며 자신의 존재감을 사랑하기 때문은 아닐까.

나를 웃게 하는 건 너야

*바다

나를 웃게 하는 건, 너야

모래사장 위로 바람이 스쳐간다.

멀리서 갈매기 한 마리가 납 같은 바다를 향해 파수꾼처럼 서성인다. 시공을 초월한 채 돌섬을 응시하며 영혼의 충돌을 거듭한다. 정신의 충만함을 음미했는지 레몬향 같은 바닷물을 만지작거리며 영원을 꿈꾼다.

절대적인 세계를 향해 발버둥치고 눅눅한 고뇌껍질을 톡톡 씹어가며 황금빛 바다를 날아다닌다.

바람이 유혹한다.

시간이 바동댄다.

삶은 어떠한 그림으로 형상화되든지 그 자체가 의미가 없진 않다. 갈매기는 존재감을 뼛속까지 절감하며 초월의 순간을 체험하려는 돌섬의 경계선을 향해 날아갈 기세로 옷깃을 여미고 있다.

*바람

나를 웃게 하는 건, 너야

수평선 끝자락까지 파도가 몰아친다.

그 와중에 갈매기는 섬과 섬 사이를 유랑하기 위해 집시로 거듭나고 있다.

넓은 바다 한가운데 처연하게 자리 잡은 섬과 섬들, 느낌과 느낌만을 조심스럽게 조립하며 무릉도원을 상상하는 갈매기, 분산된 의식을 조용하게 조율하며 무언가 분주하게 움직인다.

갈매기가 고함지른다.

샛바람이 퍼덕거린다.

바람과 갈매기는 돌섬의 대국을 유랑하기 위해 대로(大路)를 건설하고 있다. 로맨틱한 쉼터를 찾으려고 방랑자가 되고 있다.

태양이 내리쬐는 날이면 리듬의 선율을 타면서 작업을 멈추지 않았고, 비가 내리는 날이면 빨간 우산과 파란 우산을 펼치며 산성비를 막아냈다. 눈이 쏟아지는 날이면 염화나트륨을 준비했으며, 태풍이 몰아치는 날에도 그와의 협상을 마다하지 않는다.

*여객선

나를 웃게 하는 건, 너야.

캄캄한 밤 성난 바다 위를 질주하는 여객선, 그러나 갈매기는 이상향의 돌섬에 도달하기 위해 갑판 사이에 숨죽이고 앉아 있다.

여객선은 불안하나 투명하고 예술적이다.

연옥의 세계를 향해 질주하는 여객선, 갈매기는 운명임을 인정하고 섬과 섬 사이를 여행하며 극락세계를 탐색한다. 예술적인 그 세계는 예술을 지향하는 영혼에겐 담아두지 않으면 안 될 피 묻은 피난처, 진지하게 느껴야만 될 불멸의 마그마다.

*파도

나를 웃게 하는 건, 너야

파도가 칼날을 밟으며 노래를 부르고 있다.

불완전함 속에서도 짙노란 꿈을 꾸고 있다. 갈매기 날개에도 알지 못 할 시간들이 토막토막 흘러간다. 거센 파도에 휘말려 침몰 위기에 서서 웅웅거리고 있다.

누군가가 닻줄을 내리려고 간판위로 뛰어오른다. 물살을 휘가르며 평정을 찾는 여객선, 성난 파도는 시간이 갈수록 그림자를 따라다니며 핏빛으로 용해된다.

멀리 섬과 섬 사이에 알지 못 할 물체가 보이기 시작한다. 물체는 쉬지 않고 닻줄을 내리라고 고함을 지르고 있다.

중천에 떠 있는 여객선은 바다 한가운데 멈출 수가 없다. 갈매기 역시 격렬한 파도 속에서 돌섬을 향해 질주해야할 의무가 없진 않다.

기도하는 마음으로 갑판 위에 숨어 두 눈을 감을 수밖에 없는 갈매기, 현기증이 밀어닥치는 풍경을, 거센 파도를 잠재우기 위해 마음과 마음, 두 손과 두 손을 모아 랩송(rhapsong), 아니 기도 송을 부를 수밖에 없다.

대지(大地)가 되어 풍랑과 풍랑을 잠재울 수밖에 없다.

*등대

나를 웃게 하는 건, 너야

빛과 어둠의 충돌이 만만치 않았다.

그러나 멀리서 생명의 빛이 보였다. 의식을 조율해 주는 소중한 세탁기, 갈매기 한 마리가 돌섬을 향해 날아가는 길은 외롭고 험난했다.

파도가 심해 뱃길은 끝이 보이지 않았다. 태풍이 몰아쳐 객선을 안전하게 운항할 수가 없었다. 천지가 캄캄해 하늘과 땅을 구분할 수가 없었다.

빛이 보이 보이기 시작했다.

십자가의 보혈처럼 고독한 섬, 그 불빛 - 난파 직전의 여객선을 위해 구세주가 되려는가.

아니다. 아직도 두 날개를 쉬게 하며 안식할 시간이 다가오진 않았다. 섬에서 축제를 벌일 시간이 다가오진 않았다.

영혼의 연회장, 그 귀한 축제장에 갈매기 - 당신이 초대 받을 수 있을까.

하지만

나를 웃게 하는 건, 너야.

바다를 헤엄치는 상어가 되어

글은 영혼을 소진하며 외롭게 창작된다.

'어떤 흐름의 글을 쓸 것인가. 한계는 어디까지인가. 자유는 어디까지 가능한 것일까' 고민하다 스스로 지치고 만다. 이때 작품이 독자와 공감대를 형성할 때는 용기를 잃지 않지만, 그렇지 않을 때는 마음이 씁쓰레할 때도 허다하다.

그러나 '한 사람의 독자를 위해서라도 내면과의 싸움을 게을리 하지 않았다'는 노천명의 얘기를 되새기며 용기를 낸다.

나는 정신적인 자유인이 되려고 노력한다. 바다를 헤엄치는 상어가 되지 않고서는 원고지는 한 칸도 메워지지 않음을 알았다. 파도에 시달리는 바윗돌의 아픔을 궁금해 하며, 모순과 조화를 믹서 하여 또 하나의 조화를 일궈내는 비밀의 정체를 알기 위해서다.

그리고 열정을 중요하게 생각한다. 예술보다 앞서가는 현실 - 독자들은 이제 픽션의 게임, 진부한 게임에선 만족을 못 느끼는 시대이다. 타인의 실질적인 치부, 작가의 피 흘리는 몸부림에 호감을 가지며 카타르시스를 원한다. 작품은 정직해, 작가가 열정을 잃게 되면 작품도 주머니 속에 두 손을 찌른 채 먼 산을 바라보게 되고, 작가가 열정과 도전을 바탕으로 물살을 거슬러 올라가는 상어로 거듭나면, 작품도 불길처럼 타오른다.

이젠 수필을 종합문학이라고 생각한다. 다원주의 시대에 문학은 장르해체가 되고 있으며, 작가의 자유로운 의식과 독특한 몸짓만이 무한한 상상력을 발산한다. 마음속에 잠재된 무의식의 앵글(angle)을 통해 자신의 영혼을 구제하고 독자의 영혼을 위로시킬 수 있다면, 수필은 문학으로서의 가치를 지닌다.

수필 쓰기는 인간의 내면세계를 탐색하는 더듬이다.

삶의 과정에서 얻어지는 그 무엇 하나, 마음속에 찌꺼

기처럼 각인된 상흔의 날갯짓이 유혹하듯 다가와 영혼을 질타하기에, 원고지와 펜 앞에선 숙연하게 된다. 질퍽한 곳을 찾아 헤매는 지렁이처럼, 녹슨 뇌 더듬이를 훈련시키며 글의 소재를 찾아 나서게 되고 주제를 설정하게 된다. 자기만이 간직하고 싶은 사소한 비밀 하나, 자기만의 개성 있는 사상과 문체, 자신의 관점에서 사물을 바라보지 않으면 무언가 몸과 마음이 불편하므로 오만한 아집을 통해 여러 가지 느낌을 토해낸다.

하지만 글을 쓴다는 것 자체가 갈수록 절벽이라 '저는 글을 쓰고 있습니다'라고 얘기할 상황이 생길 때면 등골에 땀이 배일 때가 많다. 글쓰기 작업은 밀림 속을 헤매는 방랑객이나 다름없기 때문이다.

이처럼 글쓰기 작업은 자주 벽에 부딪힌다. 그러나 그 상황을 극복하기 위해 다시 잔잔한 바닷물에 돌멩이를 던져보기도 하고, 순간 파생되는 물의 파장(波長)을 삶의 과정 - 글쓰기의 과정이라 간주하며 마음속에 떠오르는 상념들을 좇아 한없이 유영하기도 한다.

마침내 '고통의 과정을 통해 내게 남은 것은 과연 무엇인가'라는 화두를 붙잡고 침묵하다가, 뇌리 속에서 무언가

치솟기 시작하면 백지 위에 영혼의 파장을 스케치한다. 영화 「화인딩 포레스트」에서 노(老) 작가 윌리엄 포레스트가 말했듯이, 초고에는 가슴이 끌어가는 대로 글을 쓰다가, 재고에 이르러선 이성을 갖고 조심스럽게 객관적인 입장에서 작품을 조립한다.

바다 속을 헤엄치는 상어가 되어 어디론가 정신여행을 떠난다.

작가 연보

1953년　제주도 남제주군 성산읍 오조리 747번지에서 교편생활을 하던 아버지 오윤호와 해녀(海女)인 어머니 김태수 사이에서 2남 2녀 중 장녀로 태어남.

학 력

1974년　제주여자고등학교 졸업
1974년　한국 성서대학교 기독교교육과 입학, 중퇴
1976년　송정익과 결혼, 재선, 재은, 재빈, 재준 낳음
1999년　명지대 사회교육대학원문예창작과 졸업
2002년　중앙대학교 예술대학원문화예술지도자 과정 수료
2004년　한국방송통신대학교 국어국문학과 졸업

경 력

1995년　『창조문학』 시부문 등단, 창조문학회 이사
1997년　『현대수필』 수필부문 등단, 한국수필학회 회원
1998년　한국문인협회 회원
2000년　『서울제주도민회 100년사』 편집위원 및 집필위원
한국 낭만파클럽 창립 회원
2001년　『현대수필』 편집위원, 국제펜클럽 회원.

2002년 현대수필문인회 부회장
2003년 제3대 서초수필문학회 회장
2003년 「국방일보」 칼럼 연재
2004년 「현대수필」에 성(性) 에세이 4년 연재
2004년 제7대 현대수필문인회 회장
2006년 서울제주도민회 신문 편집위원
2007년 제8대 현대수필문인회 회장
2008년 『현대수필』 평론 등단
2007년~ 『현대수필』 편집장

작품집

1998년 수필집 『콘크리트 속의 여자』(세손)
1999년 수필집 『오늘처럼 쓸쓸한 날엔 태풍이라도 불었으면』(세손)
시집 『레일 이탈을 꿈꾸고 싶은 날』(세손)
2001년 기도시집 『아름다운 구속』(세손)
2003년 문화와 예술이 있는 에세이 『번홍화』(문학관)
2006년 성(性)에세이 『가면축제』(문학관) 마광수 그림
2007년 운정 윤재천 선생과 함께한 『수필문학의 르네상스』(문학관), 『장르를 뛰어 넘어』(문학관) 구름카페문학상 선집 출간
2010년 아방가르드 에세이 『음음음음 음음음』(문학관) 김종 그림

수 상

2003년 제8회 세계계관 시인상
2007년 제3회 구름카페 문학상
2008년 제1회 산귀래문학상(공로)